ERNST KLEIN

GESCHICHTE DER SAARLÄNDISCHEN STEINKOHLENGRUBE SULZBACH-ALTENWALD (1841 – 1932)

Veröffentlichungen
der Kommission für Saarländische Landesgeschichte
und Volksforschung

XVI

Ernst Klein

Geschichte
der saarländischen Steinkohlengrube
Sulzbach-Altenwald
(1841 – 1932)

Saarbrücken 1987

Kommissionsverlag: Minerva-Verlag Thinnes & Nolte, Saarbrücken

Gesamtherstellung: Neunkirchener Druckerei und Verlag, Neunkirchen
ISBN-Nr. 3-47700076-5
ISSN-Nr. 0454-3533

Inhalt

Vorwort

Die nachfolgende Untersuchung möchte einen Beitrag zur Unternehmensgeschichte leisten, auch wenn es sich bei der Steinkohlengrube, deren geschichtliche Entwicklung hier nachzuzeichnen versucht wird, um ein Unternehmen besonderer Art handelt: erstens war von Anfang an der Staat der Eigentümer der Grube, und er ließ sie überdies, im Unterschied zu den heutigen Saargruben, die sich ja immer noch im Besitz der öffentlichen Hand befinden, unmittelbar von eigenen Beamten betreiben. Und zweitens waren die beamteten Betriebsleiter der Grube nicht befugt, unternehmerische Entscheidungen in eigener Verantwortung zu treffen, sondern in allen wichtigen Fragen fielen diese Entscheidungen in der den einzelnen Gruben vorgesetzten Behörde, zuerst im Bergamt, dann in der Bergwerksdirektion.

Diese beiden Besonderheiten fielen indessen im Hinblick auf die Unternehmensführung nicht so sehr ins Gewicht, wie es auf den ersten Blick scheinen möchte. Denn die leitenden Beamten waren im allgemeinen nicht nur für ihre Aufgabe hervorragend qualifiziert, sondern sie waren überdies genötigt, die Grube nach rein unternehmerischen Gesichtspunkten zu leiten, weil sie einerseits kein Absatzmonopol besaßen, allenfalls ein regional sehr begrenztes, sondern die Konkurrenz insbesondere der westfälischen und belgischen Reviere zu bestehen hatten, und weil andererseits auch der staatliche Eigentümer von seinen Beamten die Erwirtschaftung maximaler Gewinne erwartete. Außerdem darf man nicht vergessen, daß der Steinkohlenbau in besonderer Weise produktionstechnischen Zwängen und daraus resultierenden investiven Notwendigkeiten unterliegt, denen sich auch der Staat als Eigentümer nicht entziehen kann.

Was aber die unternehmerischen Entscheidungen angeht, so war der Umstand, daß diese nicht unmittelbar von der Grubenleitung, sondern von der vorgesetzten Behörde gefällt wurden, insofern nicht von so großer Bedeutung, als bis 1861 zumindest die Bergmeister, danach alle Chefs der Inspektionen selbst Mitglieder dieser Behörde waren, und man in betrieblichen Angelegenheiten der einzelnen Gruben eigentlich immer dem Votum des Leiters der betroffenen Grube folgte. Nur in allgemeinen, das gesamte Revier betreffenden Fragen kam es gelegentlich zu kontroversen Diskussionen, bei denen gewöhnlich das Votum der Mehrheit den Ausschlag gab, auch wenn de jure dem Chef der Behörde allein die Entscheidung vorbehalten war.

Bei der Darstellung dieser Grubengeschichte wurde versucht, alle drei für ein solches Unternehmen wichtigen Aspekte: den technischen, ökonomischen und sozialen, soweit die Quellen dies zulassen, gleichermaßen zu berücksichtigen. Dabei wurde allerdings die wichtigste soziale Institution, die Knappschaft, außer Betracht gelassen, weil sie ja nicht nur die hier behandelte Grube, sondern das ganze Revier erfaßt und daher nicht isoliert, aus dem Blickwinkel einer einzelnen Grube, dargestellt werden kann.

Die vorliegende Arbeit stützt sich im wesentlichen auf die im Landesarchiv Saarbrücken aufbewahrten Akten des Bergamtes und der Bergwerksdirektion Saarbrücken.

Saarbrücken, im März 1986   Ernst Klein

Einleitung: Die Vorgeschichte

Die frühesten Nachrichten über eine Gewinnung von Steinkohlen auf Sulzbacher Bann stammen aus dem 16. Jahrhundert.[1] Zwar sind dies nicht die ältesten Zeugnisse für die gesamte Grafschaft und das spätere Fürstentum Nassau-Saarbrücken, denn schon 1430 wird von Kohlengruben im Sinnerthal und zu Schiffweiler gesprochen, und auch bei Quierschied scheint bereits im 15. Jahrhundert nach Steinkohlen gegraben worden zu sein, aber bei Sulzbach dürfte die Kohlengräberei den größten Umfang angenommen haben.[2]

Die Kohlengruben zu Sulzbach „bauten im Ausgehenden des hier teilweise über 40 Grad einfallenden Kohlengebirges, daher die häufigen Klagen über eingefallene Kohlengruben".[3] Von „Bergbau" im eigentlichen Sinne konnte natürlich noch keine Rede sein, sondern es handelte sich damals um eine wilde, regellose Kohlengräberei, und diejenigen, welche sie betrieben, waren zunächst meist angesessene Bauern, denen durch landesherrliche Konzession die Ausbeutung der auf ihrem Grund und Boden „entdeckten" Kohlevorkommen überlassen war. Dafür hatten sie einen jährlichen Zins, die „Grubengült", zu entrichten oder eine Abgabe in natura zu leisten, den 6. bis 9. Wagen der Ausbeute.[4]

Im Laufe des 16. Jahrhunderts entwickelte sich jedoch die Kohlengräberei allmählich zu einem selbständigen Gewerbe, und dort, wo es einen größeren Umfang annahm, wurden zunftmäßige Ordnungen erlassen, so für Dudweiler und Sulzbach am 12. November 1586 durch den Grafen Philipp zu Nassau-Saarbrücken. Diese aus 10 Paragraphen bestehende Ordnung befaßte sich zwar mit der Kohlenabfuhr, der Verteilung der Fuhren und den Kohlenpreisen, widmete aber nur einen einzigen Paragraphen dem Kohlenabbau: es sollte niemand „höher als 9 Werkschuh, auch nicht nebenseits seinem Nächsten zu nahe, sondern stracks für sich fortgraben, und in der Mitten eine Bank von ungefähr 12 Schuhen stehen lassen:.[5] Doch auch die Androhung einer Strafe durch den Zunftmeister scheint in dieser Hinsicht wenig gefruchtet zu haben.

Diente die Kohle zunächst nur der Befriedigung des eigenen Bedarfs der bäuerlichen Kohlengräber, so war sie spätestens zu Beginn des 17. Jahrhunderts zur Handelsware ge-

---

[1] Die urkundlichen Belege stammen aus den Jahren 1536, 1546, 1548 und 1549. Vgl. Anton Haßlacher: Der Steinkohlenbergbau des Preußischen Staates in der Umgebung von Saarbrücken. II. Teil: Geschichtliche Entwicklung des Steinkohlenbergbaues im Saargebiete, Berlin 1904, S. 38.
[2] Robert Waldura: Saarbergbau im Wandel. In: Saarbrücker Bergmannskalender, 1966, S. 50.
[3] ebenda.
[4] A. Haßlacher, a.a.O., S. 44.
[5] R. Waldura, a.a.O., S. 51.

worden, die nicht nur auf dem Landwege, sondern auch zu Wasser über die Saar abgesetzt wurde. Der zum ersten Male im Jahre 1608 urkundlich erwähnte Verladeort an der Saar war der sog. „Kohlrech" (später: „Kohlwaage") bei St. Johann.

Aus dem 17. Jahrhundert sind nur spärliche Nachrichten über den Bergbau überliefert: im Jahre 1610 wurden 6 Kohlengräber bestraft, weil sie am Feiertag gearbeitet hatten; 1626 geschah 3 Sulzbacher Bauern das gleiche, weil sie 3 Wagen Kohle bei Malstatt durch die Saar und über die Wiesen gefahren hatten, um das sonst fällige Brücken- und Wegegeld zu sparen. Im Jahre 1635 aber erreichte der Dreißigjährige Krieg auch die Saargegend und verwüstete Dörfer und Felder. Das Dorf Sulzbach lag von 1635 bis 1727 in Trümmern, so daß die Kohlegewinnung längere Zeit geruht haben dürfte.[6]

Bald nach dem Kriege aber muß das Kohlengraben wieder in Gang gekommen sein, denn am 12. April 1684 wurde den „Zunfftgenossen Duttweiler und Sulzbacher Kohlengruben" eine neue, unveränderte Ausfertigung ihres Zunftbriefes von 1586 ausgestellt, „weil das versiegelte Original ihnen auss handen kommen". Danach schweigt die Überlieferung wieder für einige Jahrzehnte.

Aus einem Bericht der Kammerräte Schmoll und Heintz vom 4. August 1730 geht hervor, daß damals bei Dudweiler 16 Gruben in Betrieb waren, davon 8 auf Sulzbacher Bann mit 27 Kohlengräbern.[7] Die Gemeinde Dudweiler, der die Sulzbacher Gruben administrativ zugeordnet waren, hatte einen jährlichen Grubenzins von 12 fl zu entrichten, außerdem dem Landesherrn die nötige Steinkohle für seine Hofschmiede zu liefern, ersatzweise 20 fl zu zahlen, sofern Serenissimus nicht in Saarbrücken residierte. Zudem war für jeden verkauften Wagen Kohle ein „Batzengeld", und zwar ein Batzen pro Wagen, der gewöhnlich 1 Fuder (= 30 Ztr.) enthielt, an die herrschaftliche Kasse abzuführen,[8] was dem Landesherrn durchschnittlich 18 fl jährlich einbrachte, sodaß seine Einkünfte aus den Dudweiler-Sulzbacher Gruben jährlich 50 fl betrugen.

Was den Betrieb der Gruben angeht, so wird in den zeitgenössischen Berichten wiederholt geklagt, daß „bishero nur auf den Raub geschafft worden", und insbesondere von den Dudweiler Kohlengräbern wird gesagt, daß sie „jeder vor sich und niemandem zum Vorteil ... den Berg umbwielet und sich vergraben" hätten. Die Ausbeute war naturgemäß gering und von Grube zu Grube sehr verschieden, erreichte indessen in manchen Gruben immerhin 3 – 4 Fuder (= 4,5 – 6 to) täglich, die zu 2 fl pro Fuder verkauft wurden; ein lohnendes Geschäft also, wenn man bedenkt, daß das Batzengeld nur 3 % vom Erlös ausmachte und das nötige Holz zum Verbauen kostenlos aus den herrschaftlichen Forsten bezogen werden konnte. Dudweiler allein erhielt jährlich 300 Eichen.

Der relativ gute Verdienst hatte offenbar auch seine Schattenseiten: den Dudweiler Kohlengräbern wurde nachgesagt, daß sie sich, im Unterschied zu den Köllertaler Bauern, welche die Kohlegewinnung nur nebenher betrieben, nicht nur vom Landbau völlig zurückgezogen, sondern zugleich auch dem Trunk ergeben hätten. Sie seien „lauter lieder-

---

6 A. Haßlacher, a.a.O., S. 47.
7 ebenda, S. 50.
8 1 Gulden = 15 Batzen = 30 Albus = 60 Kreuzer.

liche Leute", die ihren Verdienst sofort ins Wirtshaus trügen.[9] Um diesem Übel zu steuern, empfahl man eine erhebliche Steigerung der von den Kohlengräbern zu entrichtenden Gefälle, ja, sogar eine Verstaatlichung der Gruben.

Dazu kam es damals (1730) zwar noch nicht, wohl aber zu einer Erhöhung der Abgaben. Die Fürstin Charlotte Amalia von Nassau-Saarbrücken bestätigte die Dudweiler Zunftordnung im Jahre 1731 nur unter der Bedingung, daß

1. „statt des bisherigen Zinses und der zur Hofschmiede gelieferten Kohlen nunmehr der 6. Wagen in natura oder nach dem Werte des Verkaufs an die Landkammer abzuführen sei;
2. ferner keine neue Grube ohne Erlaubnis aufgerichtet werde;
3. sämtliche Gruben in gehöriger Ordnung erhalten und ausgearbeitet werden sollten".[10]

Die Kohlengräber leisteten Widerstand, sodaß wiederholt zu Pfändungen geschritten werden mußte.

Die Förderung der Gruben bei Dudweiler und Sulzbach betrug im Jahre 1732 zusammen:

402 Fuder Schiffskohlen zu je 2 fl (incl. 22 alb 4 Pf Fuhrlohn)
  47 Fuder auf den Dudweiler Gruben verladen zu je 2 fl
  44 Fuder auf den Sulzbacher Gruben verladen zu je 1 fl 20 alb
  30 Fuder an die Schmieden in Saarbrücken und St. Johann zu je 2 fl (incl. Fuhrlohn)

523 Fuder (= 784,5 to) mit einem Geldwert von 1 031 fl 10 alb

Davon gingen 323 fl 29 alb Fuhrkosten ab, blieb ein Erlös von 707 fl 11 alb, wovon ⅙ = 117 fl 26 alb 6⅔ Pf der Herrschaft abzuliefern waren.[11]

Die bis dahin immer noch günstige wirtschaftliche Lage der Kohlengräber änderte sich schlagartig, als der Fürst Wilhelm Heinrich im Winter 1750/51 daran ging, sämtliche Kohlengruben seines Landes zu verstaatlichen. Nach einem Vorschlag des Kammerrates Heuß vom 23. November 1750 wurden die Gruben unter Entschädigung ihrer derzeitigen Inhaber eingezogen, wobei sich diese Entschädigung nicht etwa auf irgendwelche Eigentumsrechte bezog, die der Fürst als Inhaber des Bergregals natürlich nicht anerkannte, sondern lediglich auf die „Investitionen", die den Kohlengräbern erstattet wurden. Da diese jedoch angesichts der noch primitiven Abbautechnik minimal waren, brauchte Wilhelm Heinrich zu diesem Zweck nur insgesamt 1 500 fl aufzuwenden.[12] Die Ermittlung der von den Grubenbesitzern geltend gemachten Aufwendungen sowie die Zahlung der daraufhin festgesetzten Entschädigungen geschah in den Monaten Januar und Februar 1751.

---

[9] A. Haßlacher, a.a.O., S. 52.
[10] ebenda.
[11] In den Jahren 1744 – 1749 betrug der jährliche Absatz aller Saarbrücker Gruben im Durchschnitt 2 350 Fuder (= 3 525 to); der Landesherr zog daraus einen Gewinn von jährlich rund 1 000 fl.
[12] Ernst Klein: Der Staat als Unternehmer im saarländischen Steinkohlenbergbau. In: VSWG 57, 1970, S. 326.

Den Kohlengräbern blieb es zwar unbenommen, auch weiterhin sich ihrem Geschäft zu widmen, doch beanspruchte der Landesherr fortan die Hälfte der Förderung für sich, während die andere Hälfte den Kohlengräbern als Gräberlohn verbleiben sollte. Die ganze Operation verlief indessen nicht so reibungslos, wie sie Haßlacher geschildert hat,[13] sondern es gab erhebliche Widerstände: ein Teil der Grubenbesitzer erklärte sich mit der angebotenen Entschädigung nicht einverstanden und war auch nicht bereit, gegen Überlassung der „Halbschied" als Kohlengräber zu arbeiten. Sie mußten durch Strafandrohungen zum Einlenken gebracht werden.

In Dudweiler – und vermutlich auch in Sulzbach – gab es „ihrer etliche und zwanzig" Kohlengräber, die sich infolge der neuen Regelung, die ihnen und dem Fürsten jeweils die Hälfte der Förderung zugestand, nunmehr als Partner des Landesherrn betrachteten und deshalb nicht mehr einfahren wollten, weil sie die manuelle Arbeit jetzt als unter ihrer Würde ansahen. Sie stellten stattdessen „Tagelöhner und Hintersassen ... um so geringen Lohn an, daß selbige ohnmöglich die Kohlen davor brechen und heraus tun" konnten, sodaß die Produktion zurückging, Klagen über Kohlemangel laut wurden, und die Kohlengräber schließlich mit der Drohung, man werde „andere Arbeiter einstellen und sie alsdann von der bisherig genossenen Hälfte ausschließen", an die Arbeit gebracht werden mußten.[14]

Außerdem ging die wilde, nunmehr illegale Kohlengräberei munter weiter, sodaß am 27. November 1754, also fast 4 Jahre nach der Übernahme der Gruben durch den Landesherrn, ein fürstliches Dekret erlassen werden mußte, das die eigenmächtige Eröffnung und Ausbeutung neuer Gruben mit einer Geldstrafe von 100 Reichstalern (= 150 fl) bedrohte.

Seit Februar 1751 war Fürst Wilhelm Heinrich nun zwar Eigentümer sämtlicher Gruben seines Landes, aber er ließ sie nicht etwa durch landesherrliche Beamte verwalten, sondern verpachtete ihren Betrieb an ein Konsortium privater Unternehmer. Warum er das tat, ist in den Quellen zwar nirgends ausdrücklich gesagt, doch dürfte die Scheu vor dem Risiko der ausschlaggebende Grund dafür gewesen sein. Denn in der Mitte des 18. Jahrhunderts ließen sich allenfalls Manufakturen verhältnismäßig effektiv administrieren, aber ein Dutzend für damalige Verhältnisse weit verstreut liegende Gruben mit meist mehreren Abbauörtern zu betreiben, den Betrieb und den Absatz zu überwachen, für eine ordentliche Rechnungsführung zu sorgen, war mit personellen sowie verwaltungstechnischen Schwierigkeiten und Kosten verbunden, die den finanziellen Ertrag in Frage stellen mußten. Deshalb beschritt man auch in Nassau-Saarbrücken den damals bei schwer oder gar nicht im voraus zu berechnenden Einkünften allgemein üblichen Weg der Verpachtung.

An diesem Verfahren hielt man vorerst auch fest, obwohl die Erfahrungen mit den „admodiatores" oder „fermiers", wie die Pächter genannt wurden, nicht eben ermutigend waren: sie trieben ebenfalls Raubbau und kümmerten sich offenbar wenig um den Aufbau eines ordnungsgemäßen Betriebes. Immerhin aber bestellten sie am 18. Mai 1754 einen Inspektor für die Dudweiler Gruben und die dortige Alaunsiederei namens Jakob

---

[13] A. Haßlacher, a.a.O., S. 56.
[14] E. Klein, a.a.O., S. 327 f.

Carlin,[15] dem drei Jahre später Johann Ludwig Hilzkron in dieser Funktion folgte, sowie 1759 einen „Bergsteiger" namens Matthias Böhler, ebenfalls für die Dudweiler Gruben.

Auf den Dudweiler-Sulzbacher Gruben begann man auch am Ende der 50er Jahre mit der unmittelbaren, landesherrlichen Administration, während man bei den übrigen Gruben immer noch das alte Verfahren zu praktizieren suchte. Sie wurden einzelnen Unternehmern, meist Bergleuten, die später zu Steigern avancierten, auf mehrere Jahre zur Ausbeutung überlassen. Entweder übertrug man ihnen gegen Zahlung einer Pauschale den ganzen Betrieb, oder nur die Förderung, deren Absatz die Rentkammer gegen Zahlung eines zuvor vereinbarten Festpreises übernahm.

Der Aufbau einer landesherrlichen Grubenverwaltung vollzog sich also nur sehr langsam und schrittweise, wobei ein wichtiger Schritt auf diesem Wege die Ernennung eines Berginspektors war, dem am 3. Januar 1761 die Leitung aller Gruben übertragen wurde, und der seinerseits der Rentkammer verantwortlich war.[16] Die Zahl der Steiger wurde 1766 auf 4 erhöht, sodaß nun wenigstens auf allen größeren Gruben der Betrieb von einem Bergbeamten überwacht werden konnte. Insgesamt gab es in fürstlicher Zeit (also bis 1793) niemals mehr als 7 Steiger, die auf den wichtigsten Gruben stationiert waren und die kleineren Gruben mitzubetreuen hatten.

Nach einem Befahrungsbericht des vermutlich kurtrierischen Berginspektors H. Jacobi vom 5. Juli 1765 boten die Gruben des Saarbrücker Reviers zu dieser Zeit immer noch ein wenig erfreuliches Bild: sie bestanden „meist aus je einem ‚Stollen' (besser gesagt: Tagesstrecke), welcher auf dem Flöze selbst ansteigend in den Berg hinein getrieben und dann zu einem breiten ‚Schemel' (dem eigentlichen Abbauort) umgelenkt wurde; da man es an ordentlicher Verbauung fehlen ließ, und infolge dessen Schemel oder Stollen bald einstürzten, auch häufig die Wetter mangelten, so blieb die Ausdehnung der Baue überall gering, und der größte Teil der aufgeschlossenen Kohle ging verloren, zumal man auch die beim Abbau fallende Kleinkohle in den Gruben zurückließ".[17]

In einem gemeinsamen Befahrungsbericht Jacobis und des fürstlichen Berginspektors Engelcke vom 3. April 1766[18] werden alle Saarbrücker Gruben einzeln aufgeführt und ihr Zustand größtenteils als schlecht verbaut bezeichnet, nur wenige seien in „bauhaftem Zustande"; doch auch bei diesen wird kritisch vermerkt, daß sie „nicht söhlig (horizontal) auf dem Streichen, sondern auf dem Steigen in die Höhe gebrochen und ausgelenkt worden."

Bezüglich der 13 Gruben in Dudweiler-Sulzbach wurde vorgeschlagen, die meisten einzustellen, die übrigen aber dafür verstärkt und verbessert zu betreiben. Die Berichterstatter rügten vor allem, „daß die Kohlen alle vorne am Tage weggenommen werden, anstatt aus dem Felde zu fördern", und daß „mit den Kohlen in den Gruben umgegangen" werde, „als ob solche niemalen kein Ende nehmen könnten". Nur sehr allmählich gelang es,

---

15 ebenda, S. 329.
16 Das Amt übernahm der bis dahin als Kontrolleur fungierende Woorst, ihm folgten 1765 Engelcke und 1784 Knörzer.
17 A. Haßlacher, a.a.O., S. 63 f.
18 Landesarchiv Saarbrücken (künftig abgekürzt: LAS), Best. 22, Nr. 2550, fol. 75 ff.

durch entsprechende Anleitung, Überwachung und Kontrolle seitens der Grubenbeamten einen regelrechten, bergmännischen Abbau der Kohle zu erreichen.

Die Bergleute arbeiteten übrigens durchweg im Gedinge, das ihnen vom Steiger oder Unternehmer von deren Generalgedinge zu zahlen war; nur auf den Dudweiler Gruben standen sie zum Teil bereits in unmittelbarem herrschaftlichen Dienst. Der Schichtlohn betrug im Jahre 1765 bei 8-stündiger Schicht für einen Bergmann 10 alb, für einen Steiger 13 alb, doch wurden im Gedinge bis zu 50 % höhere Löhne erzielt.[19] Bald nach 1773 wurden die Generalgedinge mit einzelnen Unternehmern oder Steigern aufgehoben, und alle Grubenarbeiten unmittelbar auf landesherrliche Rechnung betrieben. Dabei geschahen Abbau, Förderung, Aus- und Vorrichtungsarbeiten im Gedinge, alle Nebenarbeiten unter und über Tage im Schichtlohn. Die Gedingesätze betrugen 1784 auf den größeren Gruben:

für 1 Fuder Kohle	45 kr – 1 fl
für 1 Lachter (= ca. 2 m) Strecke in der Kohle	2 fl – 2 fl 24 kr
für 1 Lachter Strecke im Gestein	15 fl – 30 fl

Der Schichtlohn betrug unter Tage: 22 – 24 kr, war also gegen 1765 um 10 – 20 % gestiegen, und über Tage: 16 – 20 kr.[20]

Über die Entwicklung der Belegschaft auf den Dudweiler und Sulzbacher Gruben wissen wir leider nur sehr wenig: sie bestand im Jahre 1773 aus 29 Arbeitern, verteilt auf 13 ‚Stollen', und lag somit weit unter der Zahl von 1730, als allein in Sulzbach 27 Kohlengräber beschäftigt waren, auf den Dudweiler Gruben weitere 49. Diese Zahlen wurden erst 1813 wieder erreicht, als 71 Bergleute in Dudweiler und Sulzbach zusammen nach Kohlen gruben.

Die in diesen wenigen Daten zum Ausdruck kommende Entwicklung der Belegschaft findet indessen keine Parallele in der Förderung, im Gegenteil: die Förderung betrug im Jahre 1767 das Achtfache, 1779 das Siebenfache der Förderung von 1730, obwohl damals die Belegschaft etwa doppelt so hoch war. Die Gründe dafür lassen sich im einzelnen nicht angeben, können aber eigentlich nur mit einer steigenden Arbeitsproduktivität erklärt werden. Für das späte 18. Jahrhundert sind uns folgende Förderziffern für die Gruben Dudweiler-Sulzbach überliefert:[21]

1767:	6 102 to	1790:	11 143 to
1768:	6 402 to	1791:	8 851 to
1779:	5 695 to	1791:	6 975 to
1785:	4 518 to		

Die rückläufige Entwicklung in den 70er und frühen 80er Jahren läßt sich wegen der außerordentlich lückenhaften und dürftigen Überlieferung ebenso wenig erklären wie der plötzliche Aufschwung im Jahre 1790 und der Rückgang unmittelbar danach.

---

[19] A. Haßlacher, a.a.O., S. 82f. Das entsprach einem Jahreseinkommen von etwa 100 – 150 fl, womit die Bergleute unter der Arbeiterschaft zu den Spitzenverdienern gehörten.
[20] ebenda
[21] ebenda, S. 70, 77. Dort in Fuder angegeben, hier in to umgerechnet.

Was die Abbautechnik angeht, so zeigte sich in den 70er und 80er Jahren insofern ein gewisser Fortschritt, als man, jedenfalls auf den größeren Gruben, den oben beschriebenen ‚Schemelbau' zu einer Art Örterbau erweiterte, „indem man von der im Flöz zu Felde getriebenen Stollen- oder Sohlenstrecke aus statt, wie bisher, nur eines einzigen Schemels, deren allmählich mehrere hintereinander, unter Stehenlassen verlorener Kohlenpfeiler („Bergfestungen") zwischen den einzelnen Schemeln, ansetzte und ausgewann".[22] Bei gutem Hangenden lag es dann nahe, diese sog. Bergfestungen sehr schwach zu nehmen oder ganz auf sie zu verzichten, den einen Schemel unmittelbar neben dem alten aufzuhauen und das Hangende lediglich mit Stempeln zu unterfangen. Damit enstand ein strebartiger Abbau, den zeitgenössische Beobachter auch in Dudweiler vorfanden.

Wegen der Gefährlichkeit dieser Bauweise ordnete die fürstliche Rentkammer als vorgesetzte Bergbehörde an, daß die Schemel bei festem Dach 3 Lachter (= 6 m), bei schlechtem Hangenden aber nur 2 Lachter breit getrieben werden sollten, die Bergfestungen jedoch stets 1 Lachter stark zu belassen seien. Diese Vorschrift scheint indessen häufig nicht befolgt worden zu sein.

Die Stollen erreichten teilweise schon eine ziemlich Ausdehnung, so der untere Stollen von Wellesweiler, der 1769 eine Länge von 160 m hatte, von dem aus 10 Schemel hintereinander betrieben wurden, einer davon mit einer Länge von 260 m. Wo in mehreren Stollen übereinander der Abbau umging, suchte man sie durchschlägig zu machen, um eine bessere Bewetterung zu erreichen; dabei ging es lediglich um Frischluftzufuhr, denn schlagende Wetter waren in fürstlicher Zeit noch nicht aufgetreten.

Die Anlage der Stollen selbst zeigte mehr und mehr den Übergang zur querschlägigen Flözlösung bei söhligem Stollenbetrieb anstelle der ansteigenden Tagesstrecken; in Sulzbach ging man Mitte der 80er Jahre zu dieser Praxis über.

Man arbeitete übrigens noch ohne Grubenkarten, einfach „aufs Geratewohl" in den Berg hinein. Die Rentkammer hatte zwar schon 1769 angeordnet, „sämtliche Gruben zu markscheiden und davon ordentliche Risse anzufertigen", doch scheint diese Weisung unbeachtet geblieben zu sein, denn der Kammerrat Röchling berichtete noch 1784, daß die Bergleute „den Kohlen nach in den Berg hinein arbeiten, ohne zu wissen, wo sie mit ihrer Arbeit stecken". Erst dem französischen „Inspecteur des Mines" Duhamel gebührt das Verdienst, genaue Grubenrisse erarbeitet zu haben.[23]

Für die Zeit der französischen Administration (1793 – 1814) läßt sich über das Schicksal der einzelnen Saargruben mangels archivalischer Überlieferung nichts sagen, wir wissen nur über den Bergbau im ehemaligen Fürstentum insgesamt einigermaßen Bescheid: er kam nach der französischen Besetzung einige Monate fast völlig zum Erliegen, begann dann nur zögernd und mit relativ geringen Förderleistungen, sodaß erst 1801 das Niveau von 1790 mit rund 50 000 to wieder erreicht war. Die Förderung stieg dann bis 1811 auf 104 000 to an, um 1812 wieder auf 79 000 to zurückzufallen, doch ist hier nicht der Ort, auf die Gesamtentwicklung näher einzugehen.

---

[22] ebenda, S. 73 f.
[23] E. Klein, a.a.O., S. 333.

Eine technische Neuerung, die in französischer Zeit eingeführt wurde, darf indessen nicht unerwähnt bleiben, auch wenn sie Episode blieb: bei steil einfallenden Flözen wandte man den sog. diagonalen Pfeilerbau an, d.h. es wurden an der söhlig aufgefahrenen Grundstrecke sog. Haupt-Diagonalen angesetzt, von denen aus die eigentlichen Abbaustrecken zu beiden Seiten streichend betrieben wurden. Auf Dudweiler brachte man überdies in der Grundstrecke zur besseren Wetterführung Wettertüren an, auch ging man jetzt in verstärktem Maße zur Anlage von Wetterschächten über.[24]

Bisher war immer nur von der oder den Sulzbacher bzw. Dudweiler-Sulzbacher Gruben oder Stollen die Rede. Es ist daher an der Zeit, auch über Altenwald zu berichten, wenngleich die Überlieferung hier noch dürftiger ist, weil die Grube Altenwald sich bis 1815 in Privatbesitz befand, die staatlichen Akten infolgedessen über ihr Schicksal wenig Auskunft geben. Einiges läßt sich immerhin sagen: die älteste Nachricht stammt aus dem Jahre 1747. Damals wurden (am 1. Juli) die „Gruben im sog. Altwald" an die Glashütte Friedrichsthal in Erbpacht gegeben. „In welchem Umfang und wo seitens der Glashütte Friedrichsthal Bergbau bei Altenwald betrieben worden ist, steht nicht fest".[25]

Von 1793 ab waren die Gruben an die Mariannenthaler Glashütte verpachtet, der Pachtvertrag wurde am 23. Februar 1798 von der französischen Administration auf 10 Jahre verlängert.Beim Ablauf des Vertrages zog der französische Fiskus die Gruben ein, um sie vier Jahre später, im September 1812, erneut zu verpachten, und zwar an die Glashüttenbesitzer Wagner in St. Ingbert (Mariannethaler Hütte) und Vopelius in Sulzbach (Schnappacher Hütte). Auch für diese ganze Zeit wissen wir nicht, in welchem Umfang in Altenwald Steinkohle gewonnen worden ist.

Nachdem Preußen gemäß den Bestimmungen des Zweiten Pariser Friedens von dem ehemaligen Fürstentum Nassau-Saarbrücken, mit Ausnahme der an Bayern fallenden Teile, Besitz ergriffen hatte, zog der preußische Fiskus die Grube Altenwald durch Ministerialreskript vom 25. Januar 1817 und die daraufhin ergangene Verfügung des Oberbergamtes Bonn vom 11. Februar 1817 ein.[26] Für Natural-, Material- und Inventarbestände erhielt Vopelius eine Entschädigung von 826 fr (= etwa 220 rtl). Über den Preis, zu dem Vopelius künftig sollte Kohle beziehen dürfen – das erwähnte Ministerialreskript hatte angeordnet, daß die Kohlen zu „mäßigen Preisen" an die Glashütten zu liefern seien – kam noch keine Einigung zustande. Wie sie später aussah, ist nicht überliefert. Die Firma Vopelius verlangte überdies weitere 1 206 fr als Entschädigung für die Vorrichtung eines Querschlages, erhielt aber, da sie nach Auffassung des Oberbergamtes selbst noch daraus Nutzen gezogen, nur 300 fr (= ca. 78 rtl).

Bei Übernahme der Altenwalder Grube scheint deren Zustand „ein sehr verwahrloster gewesen zu sein".[27] Die Glashüttenbesitzer hatten mit den Altenwalder Bergleuten ein Abkommen getroffen, das diese verpflichtete, gegen einen Monatslohn von 48 fr (= ca. 12½ Taler) den Bedarf von 120 – 140 Fudern Stückkohle zu liefern. Die Förderung der Grieskohlen geschah für Rechnung des Staates, der für das Fuder 6 Sgr Förderlohn zahlte und

---

[24] ebenda, S. 338 f.
[25] LAS, Best. 564, Nr. 141, p. 5.
[26] LAS, Best. 563/3, Nr. 14, p. 89 ff.
[27] LAS, Best. 564, Nr. 141, p. 14.

das Fuder für 6 fr (= 1½ Taler) an die St. Ingberter Rußhütte weiter verkaufte. Den Betrieb der Grube leitete ein Steiger namens Poller von der Grube St. Ingbert, die Rechnungsführung über die Grieskohlen besorgte der Oberschichtmeister Eberhard in Sulzbach, während die Zahlung der Pacht von den Glashüttenbesitzern unmittelbar an die „direction principale" erfolgte.[28]

Obwohl die Grube Altenwald sich in schlechtem Zustand befand, wollte sie der preußische Fiskus zunächst weiter betreiben: einmal, um die bereits vorgerichteten Kohlepfeiler nicht verloren gehen zu lassen, zum anderen aber, um den Markt nicht der bayerischen Grube St. Ingbert zu überlassen. Während des Betriebes der Altenwalder Grube durch die Glashüttenbesitzer hatte es nämlich die Grube St. Ingbert verstanden, die potentiellen Abnehmer Altenwalds an sich zu ziehen, und sie machte auch den Dudweiler-Sulzbacher Gruben empfindliche Konkurrenz.

Da nun die Fuhrleute aus dem preußischen Gebiet auf dem Wege nach St. Ingbert Altenwald passieren mußten, lag es nahe, diese durch eine entsprechende Preisgestaltung als Kunden zu gewinnen: man setzte den Kohlenpreis in Altenwald auf 2 Taler 15 Sgr 6 Pf (= 9 fr), das war 1 fr weniger als im bayerischen St. Ingbert; mit diesem Preis aber konnten die Bayern wegen ihrer hohen Selbstkosten nicht konkurrieren.

Der Weiterbetrieb der Grube Altenwald sollte sich jedoch auf die Ausgewinnung der vorgerichteten Kohlepfeiler beschränken, weil man der Meinung war, daß die Gruben Dudweiler-Sulzbach allein die Nachfrage zu befriedigen vermochten. Man stellte deswegen alle weiteren Vorrichtungsarbeiten ein, unterließ es jedoch nicht, durch Schürfarbeiten die Erstreckung des Steinkohlengebirges zu erkunden.

Am Ende des Jahres 1819 waren alle Pfeiler verhauen, und es folgte daher, wie geplant, die Einstellung des Betriebes. Seit 1817 hatte die Grube bei einer Belegung mit 8 – 14 Bergleuten insgesamt 3133 to Stückkohlen und 150 to Grieskohlen geliefert. Die dabei zugunsten der Staatskasse erzielten Überschüsse beliefen sich auf:[29]

1817:	469 rtl	4 Sgr	10 Pf
1818:	1529 rtl	2 Sgr	7 Pf
1819:	1149 rtl	4 Sgr	2 Pf
Sa.	3147 rtl	11 Sgr	7 Pf

Während dieser Jahre hatte die Grube unter der Leitung des Geschworenen Erdmenger gestanden, den die Steiger Wadsack und Heintz im technischen Betrieb, der Oberschichtmeister Eberhard bei der Rechnungsführung unterstützten.

Unter der französischen Administration war übrigens das Saarbrücker Kohlenrevier in drei „Direktionen" eingeteilt, deren erste durch die Gruben bei Dudweiler und Sulzbach gebildet wurde. Nach Errichtung der „Kgl. Preußischen Bergamts-Commission" im Dezember 1815 schuf man für den Betrieb der Gruben zwei Geschworenen-Reviere: zum östlichen Revier gehörten neben Dudweiler und Sulzbach noch Jägersfreude, Rußhütte,

[28] ebenda, p. 16.
[29] ebenda, p. 18 f.

Bauernwald, Großwald und Gersweiler. Das westliche Revier bestand aus den Gruben Geislautern, Schwalbach, Rittenhofen und Klarenthal. Das östliche Revier stand unter der Leitung des Berggeschworenen Erdmenger, der seinen Amtssitz in Dudweiler hatte.

Abgesehen von kleinen, unbedeutenden Veränderungen, blieb diese Organisation mehr als 20 Jahre erhalten. Erst im Jahre 1838 machte die inzwischen erfolgte Ausdehnung der Grubenbaue eine Aufteilung des Saarbrücker Reviers in 4 Geschworenenbezirke notwendig: Louisenthal, Elm, Dudweiler und Wellesweiler, wobei zum Dudweiler Bezirk die Gruben Sulzbach-Altenwald, Dudweiler, Jägersfreude und Tiefer Saarstollen gehörten.

Den technischen Betrieb gestaltete man nach 1815 insofern flexibler als früher, indem man die den geologischen Gegebenheiten jeweils am besten entsprechende Abbauart wählte: bei steil einfallenden Flözen bediente man sich der neuen Methode des streichenden Pfeilerbaues mit Bremsbergförderung, bei Flözen mittlerer Neigung wählte man den Abbau mittels Hauptdiagonalen und streichenden Abbaustrecken, und bei flach gelagerten Flözen den diagonalen Pfeilerbau. Nahe zusammen liegende Flöze wurden querschlägig abgebaut, die Einführung der sog. englischen Wagen- und Schienenförderung unter Tage erfolgte ab 1817, zumindest in allen Hauptstollen.[30]

Schon 1816 plante man einen 1,7 km langen Schienenweg über Tage für Dampfwagenbetrieb von den Gruben Großwald und Bauernwald zur Saar, doch der von der Kgl. Eisengießerei in Berlin 1819 gelieferte Dampfwagen, über dessen Konstruktion man trotz einer in den Akten überlieferten Zeichnung nichts Genaues sagen kann, funktionierte nicht. Der Schienenweg war dagegen 1821 fertiggestellt und wurde mit Pferdewagen befahren, immerhin eine Erleichterung des Kohlentransports zur Verladestelle an der Saar.

Im Jahre 1826 wurde in Sulzbach der Venitz-Stollen angehauen, womit der Stollenbau im eigentlichen Sinne erst begann: der lediglich der Förderung und Wasserlösung dienende Stollen wurde an der Talsohle quer zum Streichen der Flöze in den Berg getrieben, die Flöze auf diese Weise hintereinander aufgeschlossen und von söhlig aufgefahrenen Förderstrecken aus streichend oder schwebend abgebaut. Am Ende des Venitz-Stollens wurde ein Wetterschacht niedergebracht, wobei man damals noch mit Hilfe eines offenen Feuers den Wetterzug zu verbessern suchte.

Von besonderer Bedeutung, auch für die Grube Sulzbach, war das Anhauen des „Tiefen Saarstollens" bei St. Johann an der Saar am 26. September 1832. Er sollte einmal den Gruben des Sulzbachtales zur Wasserlösung dienen, zum anderen aber auch der Förderung dieser Gruben nach der Saar hin. Dieser letztere Zweck wurde sehr bald durch den Bau der Eisenbahn hinfällig, gleichwohl wurde der Stollen in den 60er Jahren mit den Gruben Jägersfreude, Dudweiler und Sulzbach zum Durchschlag gebracht, um bei einer Gesamtlänge von mehr als 11 km diesen drei Gruben erhebliche Dienste zu leisten bei der Abführung eines Teils ihrer Wasserzuflüsse.

---

[30] E. Klein, a.a.O., S. 342.

I. Die Grube Sulzbach – Altenwald von ihrer Gründung bis zur Errichtung der Berginspektionen (1841 – 1861)

Die wachsende Nachfrage nach Koks war es vornehmlich, die den preußischen Finanzminister 1839 veranlaßte, dem Saarbrücker Bergamt die Ausarbeitung eines Betriebsplanes zur Wiederaufnahme der Förderung in Altenwald aufzutragen, nachdem man zuvor durch Schürfarbeiten im Hangenden des Flöz 1 weitere 21 Flöze, und im Liegenden 17 Flöze nachgewiesen hatte. Am 4. November 1839 verfügte der Finanzminister „die Aufschließung der Grube Altenwald durch einen Stollen", der „sofort zu Felde zu treiben" sei. Die Arbeiten sollten so rasch wie möglich beginnen, um so bald wie möglich das Flöz 2 zu erreichen, „welches guten Koks liefert"; doch sollte die Erschließung der Flöze nur soweit stattfinden, „als die anderen Gruben den Bedarf an Kohlen und Koks nicht decken" könnten.[1]

Daraufhin wurde zu Beginn des Jahres 1840 am Zusammenfluß des Ruh- und Sulzbaches der Flottwellstollen[2] in Angriff genommen und in einer Höhe und Breite von 90 Zoll (= 2,30 m) 36⅜ Lachter (= 74 m) tief aufgefahren. Vom Vortrieb der Tagesstrecken sah man zunächst ab, „da die Grube Sulzbach – Dudweiler infolge der ungünstigen Absatzverhältnisse vorläufig die Nachfrage nach Kohlen befriedigen konnte".[3] Die Leitung der neu eröffneten Grube erhielt Bergmeister Jung, die Belegschaft bestand aus 15 Mann: einem Steiger, 9 Gesteinshauern, 2 Hauern und 3 Schleppern.

Ein Erlaß des Finanzministers vom 8. Juni 1840 verfügte die Vereinigung der wieder eröffneten Grube Altenwald mit der Grube Sulzbach, die damit aus ihrem betrieblichen Verbund mit Dudweiler ausschied.[4]

Wenngleich die Gruben bei Sulzbach, wie früher dargelegt, zu den ältesten des Saarbrücker Reviers zu zählen sind, so war ihre wirtschaftliche Bedeutung doch relativ gering. Die Ursache dafür lag einmal darin, daß die bayrische Grenze bzw. die der Herrschaft Blieskastel sich hier keilförmig in das früher nassau-saarbrückische Gebiet hineinschob und eine Ausdehnung des Betriebes in streichender Richtung verhinderte. Zum anderen aber war das kleine, zwischen Landesgrenze und Markscheide Dudweiler liegende Feld von zwei mächtigen Sprüngen durchzogen, was die Qualität der Kohle wesentlich beeinträchtigte.[5] Deswegen waren die Sulzbacher Gruben niemals eigenständig, sondern betrieblich bis dahin stets mit den Dudweiler Gruben verbunden gewesen, von 1841 ab dann mit Altenwald.

Zu Beginn des Jahres 1841 war der westliche Teil des Feldes der Grube Sulzbach teils vom Venitzstollen aus, teils durch Tagesstrecken vom Neuweilertal aus weitgehend abgebaut,

---

[1] LAS, Best. 564, Nr. 141, p. 21.
[2] Der Stollen erhielt erst drei Jahre später diesen Namen nach dem damaligen preußischen Finanzminister Eduard-Heinrich von Flottwell (1786 – 1865).
[3] LAS, Best. 564, Nr. 141, p. 22.
[4] ebenda, p. 23.
[5] ebenda, p. 4.

sodaß sich der Betrieb hauptsächlich im östlichen Feldesteil zwischen Venitzstollen und bayrischer Grenze bewegte. Man hatte vom Flöz 8 aus den Sulzbachsprung II mit einer Grundstrecke durchfahren und war östlich des Sprunges auf das mächtige, sehr ergiebige Flöz 13 gestoßen, wodurch die Grube in die Lage versetzt wurde, ihr Fördersoll zu erfüllen.[6]

Schon seit längerer Zeit war für Sulzbach der Bau von Koksöfen geplant, „aber infolge der Opposition der Grundeigentümer unterblieben",[7] die eine zu starke Belastung der Luft durch Rauch und Ruß befürchteten. Zur Zeit der Vereinigung der Gruben betrieb man daher nur versuchsweise einen Teerkoksofen mit einer besonderen Vorrichtung zur Verbrennung des Rußes. Mit diesem Koksofen, der modern ausgedrückt die Luftverschmutzung in Grenzen halten sollte, hoffte man, den Wünschen der Grundeigentümer gerecht zu werden und ihren Widerstand zu überwinden.

Organisatorisch wurde der Saarbrücker Bergbaubezirk im Jahre 1855 in drei große Reviere eingeteilt: das Blies –, Sulzbach – und Saar – Revier, wobei die Grube Sulzbach – Altenwald das 2. Geschworenen-Revier des Sulzbach-Reviers unter der Leitung des Obersteigers Heintz bildete.[8] Aber schon zwei Jahre später sah man sich angesichts der rasanten Ausdehnung der Grubenbaue genötigt, das Revier neu zu organisieren und in 5 Bergmeistereien zu gliedern. Sulzbach – Altenwald gehörte zusammen mit Friedrichsthal, Merchweiler und Quierschied zur 2. Bergmeisterei unter Bergmeister Honigmann, an dessen Stelle 1858 Bergmeister Gustav Pfaehler trat.[9] Im gleichen Jahre wurde die Grube Sulzbach von Altenwald getrennt und wieder mit Dudweiler vereinigt, doch behielt der Altenwalder Betrieb die Bezeichnung „Sulbach – Altenwald", eine Regelung, die indessen schon 7 Jahre später wieder rückgängig gemacht wurde.

1. Der technische Betrieb

Die Gewinnung der Kohle erfolgte nach wie vor in der oben beschriebenen Weise und natürlich noch ohne irgendwelche mechanischen Hilfsmittel. Die Förderung geschah in den Abbaustrecken mit Karren von nur 2 Ztr. Ladung, in den Stollen und Grundstrecken mit Hilfe von Wagen, die 9 Ztr. faßten. Auf Altenwald waren im Jahre 1842 sechs Flöze aufgeschlossen, deren Mächtigkeit zwischen 30 und 61 Zoll (= 0,75 – 1,5) schwankte.

Im folgenden Jahre verlängerte man den Sulzbacher Venitzstollen um 50 m, ohne bauwürdige Flöze aufzuschließen; auch eine Verlängerung des Altenwalder Flottwellstollens verlief ohne Ergebnis. Im Jahre 1844 verzichtete man überhaupt auf weitere Vorrichtungsarbeiten, „da der schwache Absatz eine weitere Aufschließung der Flöze nicht notwendig

---

[6] ebenda, p. 24.
[7] ebenda, p. 25. Wenn man so will, ein frühes Beispiel einer erfolgreichen Bürgerinitiative.
[8] Zur Organisation der Bergbehörden an der Saar und ihrer Geschichte: E. Klein, Organisation und Funktion der preußischen Bergbehörden an der Saar. In: Ztschr. f. d. Geschichte der Saargegend, Bd. 33, 1985, S. 61 ff.
[9] Gustav Pfaehler (1821 – 1894) trat 1861 an die Spitze der Berginspektion V, Sulzbach-Altenwald, und blieb auf diesem Posten bis zu seiner Pensionierung im Jahre 1885, nachdem er 1868 zum Bergrat, 1874 zum Geheimen Bergrat befördert worden war.

machte".[10] Die Förderung in Stollen und Grundstrecken geschah übrigens zunehmend mit Hilfe von Pferden, weshalb die Strecken entsprechend verbreitert werden mußten.

Ein für die Grube Sulzbach-Altenwald wichtiges Ereignis war der Bau der Eisenbahnlinie Paris – Saarbrücken, der im Jahre 1851 soweit gediehen war, daß man für den Herbst 1852 die Anbindung der Gruben Dudweiler und Altenwald an diesen Schienenweg erwartete. Deswegen wurde schon im August 1851 das Abteufen zweier Förderschächte, später „Eisenbahnschächte" genannt, eines Gegenortschachtes und das Aufschütten eines Bahndamms zwecks Einrichtung einer Pferdebahn vom Flottwellstollen bis zu den Eisenbahnschächten in Angriff genommen. Damit endete für Altenwald die Ära des Stollenbaues, und es begann der Tiefbau, der zwar bei der eigentlichen Gewinnung technisch nichts veränderte, wohl aber neue Probleme bei der Förderung, Wasserhaltung und Bewetterung aufwarf.

Die Ausrichtungsarbeiten wurden forciert betrieben, „um bei Fertigstellung der Bahn der erhöhten Nachfrage genügen zu können", zumal man sich für die Altenwalder Kohle, „die stückreich fällt und als Schmiede- und Gaskohle sich einer besonderen Beliebtheit" erfreute, großen Absatz versprach. Dagegen wurde für die Grube Sulzbach ein Eisenbahnanschluß vorläufig nicht vorgesehen, der Betrieb mithin in der bis dahin praktizierten Weise fortgeführt.[11]

Im Jahre 1852 errichtete man an den Eisenbahnschächten die erforderlichen Fördermaschinengebäude mit Kesselhaus und Esse; am 13. November 1852 wurde die von der Firma Baehrens & Co. in Köln gelieferte, oszillierende 30 PS Fördermaschine am Eisenbahnschacht II angelassen und ab 1. Dezember zur Förderung in Betrieb genommen. Eine liegende Förder- und Wasserhaltungsmaschine aus der Fabrik Moll und von Eicken in Mühlheim/Ruhr war angeliefert und befand sich in der Montage, sie wurde im März 1853 für den Eisenbahnschacht I in Betrieb genommen.[12]

Im Jahre darauf ergänzte man die maschinelle Ausrüstung durch eine oszillierende Fördermaschine auf dem Gegenortschacht sowie eine 10-zöllige Saug- und Druckpumpe auf der Saarsohle am Eisenbahnschacht II. Die Maschinenanlage der Eisenbahnschächte, die sich zunächst gut bewährte, hatte einen beträchtlichen Kostenaufwand erfordert, nämlich:[13]

1. das Doppelgebäude	8 261 Tlr 25 Sgr 6 Pf
2. 4 Kessel mit Garnitur	4 627 Tlr 13 Sgr 3 Pf
3. die beiden Maschinen	9 700 Tlr — Sgr — Pf
4. der Pumpenbau	2 540 Tlr 18 Sgr 10 Pf
5. die Haldenanlage	7 398 Tlr 18 Sgr 3 Pf
Sa.	32 528 Tlr 15 Sgr 10 Pf

---

[10] LAS, Best. 564, Nr. 141, p. 40.
[11] ebenda, p. 65.
[12] ebenda, p. 73.
[13] ebenda, p. 80.

Sehr bald jedoch erwies sich die Wasserhaltung mit Hilfe von Vorgelegen an den Förder-maschinen als unbefriedigend, deshalb gab die Betriebsleitung 1856 eine 100 PS Wasser-haltungsmaschine für den Gegenortschacht in Auftrag, die zwar schon 1857 montiert war, aber aus Gründen, die den Akten nicht zu entnehmen sind, erst im Oktober 1859 in Betrieb genommen werden konnte. Es handelte sich dabei um eine 68-zöllige, einfach wir-kende Balanciermaschine mit Kondensation, die einen 20-zölligen Drucksatz auf der Saarsohle bewegte.[14] Auch die Fördermaschine am Eisenbahnschacht II erwies sich auf die Dauer als nicht leistungsfähig genug, deshalb wurde 1861 der Einsatz einer neuen, lie-genden Zwillingsmaschine in Aussicht genommen.[15]

Angesichts einer lebhaften Nachfrage nach Kohlen, und im Hinblick darauf, daß die über der Flottwell- und Venitzstollensohle anstehenden Kohlenvorräte sehr bald zum Verhieb kommen würden, plante man dann doch schon 1853 das Abteufen zweier Eisenbahn-schächte auch für Sulzbach; die beiden Altenwalder Schächte aber wurden bis zur Saar-sohle[16] niedergebracht. Darüber hinaus entschloß man sich 1857, anstelle der Rolloch-die Bremsbergförderung einzuführen, „um den erhöhten Ansprüchen der Abnehmer an eine gute Stückkohle gerecht zu werden."[17]

Der oben erwähnte Teerkoksofen lieferte „wenig günstige Resultate", der Koks war schwarz und fand keine Abnehmer. Der Versuch, „den Ruß durch Ableitung der Gase in eine gemeinsame Esse mit einem 2. Koksofen zu verbrennen, führte zu keinem Resultat. Der Betrieb unterlag wegen mangelhafter Ausführung des Mauerwerks an dem Ofen wie-derholten Störungen".[18] Am Altenwalder Stollen dagegen baute man 1842: 28 Koksöfen, die nach ihrer Fertigstellung bis auf einen auch in Betrieb genommen werden konnten; diese Öfen hatten noch recht bescheidene Dimensionen: 8 Fuß breit, 11 Fuß lang und 3 – 4 Zoll hoch.

„Versuche, den Koks anstatt in freier Luft in einer Senkgrube abzulöschen, mußten aufge-geben werden, da beim Eintragen des Kokses in die Grube derselbe zu sehr zerkleinert wurde. Die Versuche mit dem Teerkoksofen in Sulzbach führten" auch weiterhin nicht zu den gewünschten Ergebnissen.[19] Von den 28 Altenwalder Koksöfen waren in den letzten Monaten des Jahres 1843 nur 15 beschickt, „des schwachen Absatzes wegen", gleichwohl baute man 25 weitere Öfen. Die Ausbringung betrug damals nur rund 55 %, sodaß man 1849 Versuche mit einem offenen Schaumburger Ofen anstelle, der günstigere Resultate, nämlich eine Ausbringung von 63 %, lieferte als die bis dahin verwendeten geschlossenen Öfen.

Eine Modernisierung der gesamten Altenwalder Koksanlage wurde aber zunächst hinaus-geschoben, „da man nach Fertigstellung der Dudweiler Anlage mit dieser dem ganzen Ab-

---

[14] ebenda, p. 92.
[15] ebenda, p. 96.
[16] Die Saarstollensohle lag im Felde Sulzbach bei +201 m, der Venitzstollen bei +238 m; im Felde Altenwald lag die Saarstollensohle bei +194 m, der Flottwellstollen bei +255 m.
[17] LAS, Best. 564, Nr. 141, p. 86.
[18] ebenda, p. 27.
[19] ebenda, p. 32.

satz genügen zu können glaubte".[20] Als jedoch die geringe Auslastung der Altenwalder Anlage anhielt, nahm man definitiv Abstand von einem völligen Umbau der Koksöfen und beschloß im Jahre 1858 stattdessen, die Koksanlage ganz einzustellen.[21] Dabei spielte sicherlich die Tatsache eine Rolle, daß die Firma Haldy & Co. 1852 in Altenwald eine eigene Koksanlage errichtet hatte, die übrigens 20 Jahre später in den Besitz der Firma Röchling überging.

Der technische Betrieb forderte in den 50er Jahren auch die ersten Opfer, jedenfalls sind für die frühere Zeit aktenmäßig keine tödlichen Unfälle überliefert: im Jahre 1855 kamen 5 Bergleute durch hereinbrechende Gesteinsmassen ums Leben; 1856 – 58 weitere 8 Bergleute, ohne daß die Ursachen der Unglücke genannt wären; 1860 starben 3 Bergleute infolge eines Wassereinbruchs und 1861 weitere 3, bei denen wir die Ursache wiederum nicht kennen. Im Jahre 1856 ereigneten sich auf Sulzbach – Altenwald zum ersten Male Schlagwetter – Explosionen, am 8. Januar und am 29. September, die jedoch nur 6 Leichtverletzte forderten.[22]

2. Der wirtschaftliche Betrieb

Die ersten beiden Jahre nach der Vereinigung der Gruben Altenwald und Sulzbach waren durch eine „rege Nachfrage" nach Steinkohlen und Koks gekennzeichnet, doch schon das Jahr 1843 brachte infolge der Mißernte des Jahres 1842 und einer notleidenden Eisenindustrie eine Absatzflaute, die auch 1844 noch anhielt. Erst im darauf folgenden Jahre belebte sich die Nachfrage nach Koks, 1846 auch nach Kohle, sodaß „die Soll-Förderung ganz erheblich überschritten" wurde.[23] Doch schon im nächsten Jahre stockte vor allem der Koksabsatz, sodaß auf Altenwald 28 Koksöfen stillgelegt und 65 Mann von Altenwald nach Dudweiler und Sulzbach verlegt werden mußten.

Das Jahr 1848 brachte dann, „veranlaßt durch die unsicheren politischen Verhältnisse und hierdurch bedingte Stockung in allen Industriezweigen"[24] einen konjunkturellen Einbruch, der einen Förderungsrückgang von 69 227 to auf 25 814 to zur Folge hatte; die Belegschaft schrumpfte von 396 auf 202 Mann.[25] Solche Massenentlassungen waren auf den fiskalischen Saargruben ganz ungewöhnlich, denn sowohl das Saarbrücker Bergamt wie später, seit 1861, die Bergwerksdirektion befolgten eine Beschäftigungspolitik, die darauf gerichtet war, den bewährten Arbeiterstamm möglichst auf den Gruben zu halten.

In Zeiten der Flaute suchte man Entlassungen im allgemeinen dadurch zu umgehen, daß man innerbetrieblich umdisponierte und die Leute statt in der Kohlegewinnung mit Aus- und Vorrichtungsarbeiten beschäftigte, oder – wie im oben genannten Falle – Verlegungen zwischen den Gruben des Reviers vornahm. Diese im wohlverstandenen Interesse der Unternehmen befolgte Politik bedeutete andererseits, daß in Zeiten der Konjunktur

[20] ebenda, p. 86.
[21] ebenda, p. 88.
[22] ebenda, p. 85.
[23] ebenda, p. 48. Für die fiskalischen Gruben wurden alljährlich Ökonomiepläne aufgestellt, in denen Förderung, Absatz und Überschüsse für das kommende Jahr festgelegt waren.
[24] LAS, Best. 564, Nr. 141, p. 56.
[25] ebenda, p. 203.

bei Neuanlegung von Bergleuten Zurückhaltung geübt wurde, um in der Krise nicht zu Ablegungen größeren Umfangs gezwungen zu sein.

Von 1849 ab erholte sich allmählich das Geschäft, doch wurde erst 1853 die Förderung von 1847 übertroffen; damals war die Nachfrage so lebhaft, „daß infolge Mangels an Arbeitskräften den gestellten Anforderungen nicht genügt werden" konnte.[26] Die günstige Absatzlage dauerte bis 1857 an, dann erfolgte eine konjunkturelle Schwäche in den Jahren 1858/59, doch schon das Jahr 1860 bescherte der Grube einen neuerlichen Aufschwung, insbesondere die Nachfrage nach Stückkohlen war lebhaft, die teilweise nur dadurch nicht voll befriedigt werden konnte, weil die Eisenbahn aus Mangel an Waggons und Betriebsmaterial nicht in der Lage war, die Kohlenmengen abzufahren.[27]

Die wirtschaftliche Entwicklung der Grube mögen folgende Zahlen verdeutlichen:

Förderung und Absatz[28]

Jahr:	Förderung (to)			Absatz	Kokserzeugung
	Sulzbach	Altenwald	Insgesamt		
1841	keine Ang.	keine Ang.	30473	30945	101
1842	keine Ang.	keine Ang.	37845	35644	2056
1843	20145	10380	30525	32234	5388
1844	24626	15633	40259	40189	7651
1845	21032	29915	50947	50893	24412
1846	28410	42126	70536	66142	20806
1847	27009	42218	69227	69714	19524
1848	keine Ang.	keine Ang.	25814	26133	5320
1849	9423	29922	39345	41611	13050
1850	9682	42399	52081	54109	20533
1851	12059	40193	52252	49603	18649
1852	4870	42870	47740	49818	22367
1853	6297	66352	72649	73593	20035
1854	8013	94232	102245	102198	12596
1855	19409	143015	162424	161223	9317
1856	9845	166086	175931	176812	8650
1857	5910	198461	204371	204877	5176
1858	1930	176942	178872	181303	2752
1859	—	151486	151486	150894	—
1860	—	191832	191832	192187	—
1861	—	207145	207145	206648	—

---

[26] ebenda, p. 74.
[27] ebenda, p. 94.
[28] Zusammengestellt nach LAS, Best. 564, Nr. 141, p. 26 – 97.

Die auf den modernen Betrachter vielleicht erstaunlich wirkende Tatsache, daß Förderung und Absatz immer nahezu übereinstimmen oder nur unwesentlich voneinander abweichen, hängt damit zusammen, daß die Bergverwaltung jeweils die Prokuktion der Nachfrage durch die oben beschriebenen Maßnahmen anpaßte, was dadurch erleichtert wurde, daß man mit den Großabnehmern jährliche Lieferungsverträge abschloß. Diesen Großkunden gewährte man als Gegenleistung für die langfristige Abnahmeverpflichtung einen Vorzugspreis.

Zudem suchte das Bergamt die Nachfrage durch eine entsprechende Preisgestaltung zu beeinflussen, d.h. in Zeiten der Hochkonjunktur erhöhte man die Preise, um die Nach-

Belegschaft, Schichtleistung,[29] Schichtlohn

Jahr	Belegschaft	Leistung pro Mann und Schicht kg	Durchschnittlicher Schichtlohn M
1841	165	680	1,34
1842	223	630	1,34
1843	226	500	1,38
1844	273	550	1,42
1845	383	490	1,42
1846	506	520	1,45
1847	396	650	1,49
1848	202	470	1,45
1849	277[30]	530	1,58
1850	382	510	1,42
1851	445	440	1,57
1852	451	390	1,52
1853	573	460	1,43
1854	713	530	1,50
1855	1242	480	1,85
1856	1466	450	2,47
1857	1392	540	2,78
1858	1142	580	2,67
1859	801[31]	700	3,10
1860	968	730	2,82
1861	1034	740	3,06

[29] Errechnet aus der in den Akten angegebenen Leistung pro Mann und Jahr, dividiert durch die Zahl der verfahrenen Schichten, die mit 270 im Durchschnitt angenommen wurden.
[30] In den Akten sind einmal 277, ein anderes Mal 377 Mann angegeben; die erstere Zahl erscheint mir wahrscheinlicher.
[31] Teilweise, aber nicht allein durch die Abtrennung der Grube Sulzbach von Altenwald zu erklären. Dagegen ist der plötzliche Anstieg der Schichtleistung um rund 20 % wohl allein darauf zurückzuführen, daß die Bedingungen der Gewinnung auf Altenwald günstiger waren als auf Sulzbach.

frage der Förderkapazität anzupassen, und in der Krise suchte man durch Preisnachlässe die Nachfrage zu beleben; man wollte und konnte nicht „auf Halde" produzieren.

Wie die obige Tabelle zeigt, hatte sich die Förderung in dem hier betrachteten Zeitraum von 20 Jahren beinahe versiebenfacht, was fast ausschließlich durch eine Vermehrung der Belegschaft erreicht worden war, nicht etwa über eine höhere Arbeitsproduktivität, denn die Schichtleistung war zwar beträchtlichen Schwankungen unterworfen, hatte sich aber im ganzen gesehen nicht wesentlich erhöht. Die Löhne dagegen waren zwar bis 1854 nur um etwa 10 % gestiegen, hatten sich dann aber binnen sieben Jahren verdoppelt, was natürlich auf Kosten und Preise durchschlug. (Siehe Tabelle Seite 25)

Was die Preise betrifft, so konnte die Grubenleitung darüber nicht selbständig befinden, sondern die Entscheidung über Preise und Löhne sowie alle sonstigen für den technischen wie auch wirtschaftlichen Betrieb der Grube wichtigen Angelegenheiten fielen im Bergamt, das darüber hinaus die Genehmigung des Oberbergamtes und des Handelsministeriums einzuholen hatte. Die vorgesetzten Behörden waren allerdings vernünftig genug, in aller Regel den Vorschlägen des Bergamtes zu folgen, das seinerseits im Einvernehmen

Selbstkosten, Preise, Überschüsse

Jahr	Selbstkosten pro Tonne				Preis	Überschüsse
	Betriebs-löhne M	Betriebs-material M	Bauten M	Summe M	pro to M	M
1841	1,56	0,30	—	1,86	—	62 624
1842	1,85	0,51	—	2,36	—	106 828
1843	2,58	0,59	—	3,17	—	134 931
1844	2,39	0,38	—	2,77	—	159 411
1845	2,39	0,40	—	2,79	—	183 051
1846	2,24	0,50	—	2,74	—	178 031
1847	2,29	0,30	—	2,59	—	268 105
1848	2,62	0,48	—	3,10	—	104 057
1849	2,47	0,22	—	2,69	—	148 427
1850	2,25	0,20	—	2,45	—	201 913
1851	2,89	0,39	—	3,28	—	102 388
1852	3,26	0,81	0,91	4,98	—	60 088
1853	3,17	0,59	1,36	5,12	—	38 390
1854	3,36	0,50	—	3,86	9,50	226 793
1855	4,00	0,44	0,16	4,60	10,00	309 737
1856	4,98	0,72	0,24	5,94	—	134 517
1857	4,50	0,68	0,65	5,83	—	244 844
1858	4,38	0,64	1,09	6,11	10,00	251 516
1859	3,88	0,33	0,50	4,71	8,00	267 624
1860	3,75	0,67	0,05	4,47	—	377 423
1861	3,83	0,74	0,08	4,65	8,00	399 446

mit den leitenden Beamten der einzelnen Gruben handelte, auch wenn die Entscheidungs-befugnis formal allein der Direktor des Bergamtes innehatte, der allerdings auch allein die Verantwortung trug.

Über die Selbstkosten und die an den Fiskus alljährlich abgelieferten Überschüsse geben die Akten von Anfang an Auskunft, über die Preise erst ab 1854, und dann auch nur lük-kenhaft. (Siehe Tabelle Seite 26)

Während die relativ geringen Überschüsse in den Jahren 1848/49 durch die konjunktu-relle Schwäche dieser Jahre verursacht waren, ergaben sie sich 1851/52 daraus, daß auf Kosten der Kohlegewinnung verstärkt Aus- und Vorrichtungsarbeiten betrieben werden mußten, um der zu erwartenden Steigerung der Nachfrage gerecht werden zu können.[32] Im Jahre 1853 dagegen waren umfangreiche Neuanlagen die Ursache für den geringen Überschuß,[33] während im Jahre 1856 sowohl Verbesserungen der maschinellen Ausrü-stung als auch die „schwunghaft betriebenen Ausrichtungsarbeiten"[34] dafür verantwort-lich waren, daß nur ein wesentlich kleinerer Überschuß als im Vorjahre an den Staats-säckel abgeliefert werden konnte.

Insgesamt aber erwies sich der Steinkohlenbergbau für den preußischen Staat als ein lu-kratives Geschäft, denn allein die Grube Sulzbach-Altenwald leistete dem preußischen Fiskus während dieser 20 Jahre einen Beitrag von annähernd 4 Millionen Mark.

3. Die Belegschaft

Die Bergleute der Grube Sulzbach – Altenwald rekrutierten sich zunächst natürlich aus Sulzbach selbst und den angrenzenden Orten oder Ortsteilen. Im Jahre 1843 zählte der damals noch zur Bürgermeisterei Dudweiler gehörende Ort 1 100 Einwohner,[35] 16 Jahre später aber hatte sich die Einwohnerzahl nahezu verdreifacht: es waren 1859: 2 927 Per-sonen, von denen 299 in Altenwald und 582 in der Kolonie Seitersgräben wohnten. Hinzu kamen aber nun noch 855 nicht ortsansässige Personen, und das waren Bergleute, die ent-weder in Privatquartieren untergebracht waren oder die noch zu besprechenden Schlaf-häuser bevölkerten,[36] und die immerhin 23 % der Gesamtbevölkerung ausmachten. Die damals aus rund 1 200 Mann bestehende Grubenbelegschaft kam zum guten Teil also schon aus entfernteren Orten, von denen aus eine tägliche An- und Rückfahrt nicht mehr möglich war.

Wir wissen nicht, aus welchen Berufsständen oder sozialen Schichten alle jene kamen, die sich in der Hoffnung, ein besseres Auskommen zu finden, dem Bergbau verschrieben, denn die dort gezahlten Löhne, so niedrig sie dem nachlebenden Betrachter erscheinen mögen, waren verhältnismäßig hoch: etwa 120 Taler im Jahr verdiente man als gewöhn-licher „Arbeitnehmer" nicht so leicht anderswo, und der Zugang zu dieser Beschäftigung stand praktisch jedem offen, der gesund und kräftig war, eine besondere berufliche Aus-

---

[32] LAS, Best. 564, Nr. 141, p. 65, 70.
[33] ebenda, p. 74.
[34] ebenda, p. 84.
[35] Peter Maus: Bergmannsleben in Sulzbach, Sulzbach 1941, S. 10.
[36] LAS, Best. 563/3, Nr. 54, nicht paginiert.

bildung wurde nicht verlangt. So dürfte sich denn die Grubenbelegschaft aus recht heterogenen Elementen zusammengesetzt haben, und dies wiederum wird zumindest ein Grund dafür gewesen sein, daß die Klagen der Bergbehörden über eine mangelnde Arbeitsmoral, über Saufereien, Prügeleien und Messerstechereien in den Wirtshäusern, die oft von Bergleuten nebenher, und als dies verboten wurde, von ehemaligen Bergleuten betrieben wurden, nicht abrissen. Der Anreiz, sich der Grubenarbeit zu verschreiben, ging indessen nicht nur von den Löhnen aus, sondern es kam hinzu die Aussicht auf einen „sicheren Arbeitsplatz", wie wir das heute nennen, denn gerade im fiskalischen Bergbau war der Bergmann, wenn er erst einmal als „Ständiger" die Aufnahme in die Knappschaftsrolle gefunden hatte, praktisch unkündbar. Ferner spielte die soziale Absicherung durch die Knappschaft im Falle von Krankheit oder Invalidität eine nicht geringe Rolle sowie last not least auch das soziale Prestige, das den Bergmann aus der Masse der übrigen Arbeiterschaft heraushob, besonders im Bereich des Staatsbergbaues. Nimmt man die besonderen sozialen Leistungen hinzu, die den Bergleuten an der Saar gewährt wurden, wie billige Versorgung mit Nahrungsmitteln und Unterstützung in Zeiten der Teuerung,[37] Gewährung von Prämien und Darlehen zum Eigenheimbau, dann wird man verstehen, daß es für viele verlockend gewesen sein muß, das Los des Tagelöhners oder Handwerksgesellen mit dem des Bergmannes zu vertauschen.

Der Zuzug von Arbeitskräften aus immer entfernteren Orten stellte die Grubenleitung zuerst und vor allem vor das Problem der Unterbringung. Die neuen Bergleute suchten natürlich zunächst in Privatquartieren unterzukommen, doch sehr bald wurden Zimmer, auch wenn mehrere Bergleute sich ein einziges teilten, knapp und teuer. Deshalb begann man auch in Sulzbach – Altenwald, die sog. Schlafhäuser zu bauen.

a) die Schlafhäuser

Schon 1839 hatte in Sulzbach ein Schlafhaus errichtet werden müssen,[38] das 1843 mit 50 Mann belegt war und mit weiteren 40 Mann belegt werden sollte.[39] Die aus 32 §§ bestehende „Stuben-Ordnung" für das Sulzbacher Schlafhaus vom 1. Mai 1843[40] macht deutlich, daß in diesen Häusern eine von Grubenbeamten überwachte, geradezu militärische Ordnung herrschte, die den Aufenthalt darin nicht sehr angenehm gestaltete. Bezeichnender Weise wird denn auch das Schlafhaus im Text dieser Ordnung gelegentlich als „Kaserne" bezeichnet. Die Vorschriften bezogen sich im einzelnen vor allem auf die Einhaltung von Ordnung und peinlicher Sauberkeit – das Bettzeug wurde freilich nur einmal im Monat gewechselt – sowie auf das Verbot von Alkohol und Frauenbesuchen; Zuwiderhandlungen konnten mit Geldbußen bis zu einem Taler, das waren immerhin zwei Schichtlöhne, betraft werden.

Im § 27 der Stubenordnung wurde die Einrichtung einer „Koch-Anstalt" angekündigt, um den Insassen die Möglichkeit zu geben, sich im Hause billig zu verpflegen. Das Menü

---

37 1846 erhielt beispielsweise die Belegschaft eine Teuerungszulage von ca. 8 Talern pro Mann, das war nahezu ein Monatslohn: LAS, Best. 564, Nr. 141, p. 51.
38 P. M a u s : a.a.O., S. 29.
39 LAS, Best. 564, Nr. 141, p. 38.
40 LAS, Best. 564, Nr. 377, nicht paginiert.

sollte bestehen aus einer Suppe morgens und abends sowie aus einer „steifen Suppe oder Gemüse" mit ¼ – ⅓ Pfund Fleisch zu Mittag. In einem undatierten Entwurf zu einer Stubenordnung für Altenwald war eine etwas größere Fleischportion, nämlich ¼ – ½ Pfund, vorgesehen; das schien dem Bergamtsdirektor Leopold Sello zu reichlich; er unterstrich das ½ und vermerkte am Rand: „zu viel".

Im Jahre 1845 war das Sulzbacher Schlafhaus „ganz besetzt und genügte nicht mehr, den auswärtigen Arbeitern Unterkunft zu gewähren, die daher teilweise in Kauen auf Grube Dudweiler und Altenwald untergebracht werden mußten".[41] Deshalb wurden in den nächsten Jahren weitere Schlafhäuser errichtet, in denen einquartiert waren:

1855: 356 Mann
1856: 554 Mann
1857: 552 Mann
1858: 664 Mann
1859: 356 Mann[42]
1860: 425 Mann
1861: 501 Mann

Die in diesen Schlafhäusern zugleich eingerichtete „Menage" wurde jedoch von den Bewohnern nur wenig in Anspruch genommen: 1855 waren es 48 Mann, 1856: 55 Mann, 1857: 40, 1858: 30, 1859: nur noch 12 Teilnehmer, sodaß im Jahre 1860 die „Menage" wegen Mangels an Beteiligung gänzlich eingestellt wurde. Der Grund dafür dürfte weniger in dem nicht gerade üppigen Menü gelegen haben – in dieser Hinsicht waren die Bergleute nicht verwöhnt – sondern eher in den relativ hohen Kosten. Denn 1856 waren zu entrichten:[43]

für das Frühstück	8 Pf
für das Mittagessen	2 Sgr 9 Pf
für 2 Pfd Brot	2 Sgr – Pf
Schlafgeld	– Sgr 4 Pf
Sa.	5 Sgr 9 Pf

Der Schichtlohn eines Hauers im Gedinge betrug zu dieser Zeit aber 19 Sgr 2 Pf, der eines Schleppers II. Klasse 13 Sgr. sodaß dieser nahezu die Hälfte, ersterer ein Drittel seines Schichtlohnes für Verpflegung und Unterkunft im Schlafhaus aufwenden mußte, zuviel, wenn man bedenkt, daß die Bergleute schließlich in ihren Heimatorten noch eine Familie zu ernähren hatten.

41 LAS, Best. 564, Nr. 141, p. 46.
42 Die Ziffern von 1859 – 61 beziehen sich nur auf Altenwald, da Sulzbach von Altenwald getrennt und mit Dudweiler vereinigt war.
43 LAS, Best. 564, Nr. 141, p. 83.

Aber auch lediglich als Schlafstelle erfreuten sich die Schlafhäuser wegen der dort herrschenden, strengen Disziplin nicht gerade besonderer Beliebtheit, sodaß das Privatquartier auch dann bevorzugt wurde, wenn man sich mit 4 Personen einen Raum zu teilen genötigt war. Aber diese Möglichkeiten waren, wie schon erwähnt, so begrenzt, daß die Schlafhäuser, jedenfalls in den hier zu betrachtenden Jahren, meistens voll ausgelastet waren. Die Übernachtungsgebühr wurde übrigens 1861 auf 6 Pf pro Nacht oder 15 Sgr pro Monat heraufgesetzt.[44]

Die Errichtung von Schlafhäusern löste indessen das Arbeitskräfteproblem insofern nicht, als sie nur zur Unterbringung von solchen Bergleuten zu dienen vermochten, die als Wochenendpendler ihre Heimatorte noch in vertretbaren Zeiten zu erreichen in der Lage waren. Für den Zuzug von Arbeitskräften aus entfernteren Gegenden mußten daher Möglichkeiten zu einer dauerhaften Niederlassung geschaffen werden, zudem bildeten die Schlafhäuser und deren Bewohner ein Element der betrieblichen wie sozialen Instabilität, die nur zu überwinden war dadurch, daß man die Bergleute am Arbeitsort ansässig machte. Diesem Ziel diente die von dem ersten Bergamtsdirektor, Leopold Sello,[45] mit seiner berühmten Denkschrift vom 26. November 1841 inaugurierte, in der Geschichte des deutschen Bergbaues einmalige Ansiedlungspolitik.

b) das Ansiedlungswesen

Das sowohl für den Betrieb der Saargruben als auch für die Sozialstruktur der Gemeinden des Saarreviers so wichtige Ansiedlungswesen, das übrigens in der einschlägigen Literatur[46] stets mehr oder weniger ausführlich berücksichtigt wird, kann hier natürlich nur soweit behandelt werden, wie es im Rahmen einer solchen Grubengeschichte möglich und zum Verständnis nötig ist.

Die durch Ministerialreskript vom 24. Januar 1842[47] genehmigten Vorschläge Sellos sahen folgendes vor: jeder Bergmann, der ein Haus bauen wollte, erhielt aus staatlichen Mitteln eine Prämie von 25 – 40 Talern und aus der Knappschaftskasse ein mit 4 % zu verzinsendes Darlehen, das mit 1 – 2 Talern monatlich per Lohnabzug zu tilgen und hypothekarisch zu sichern war; außerdem hatte der Bergmann einen Bürgen zu stellen.

Es ist den Akten nicht zu entnehmen, warum in Sulzbach – Altenwald die Bautätigkeit relativ spät, nämlich erst Anfang der 50er Jahre begann. Vermutlich fehlte es eher an Bauplätzen als an Bauwilligen, denn nachdem die Grube im Distrikt Seitersgräben 40 Morgen Forstgelände erworben hatte, begann auch in Sulzbach, wie vorher schon auf anderen Gruben, eine rege Bautätigkeit: im Jahre 1854 wurden aus der Grubenkasse 210 Taler an Bauprämien gezahlt,[48] was auf den Bau von 8 – 10 Häusern schließen läßt.

---

[44] ebenda.
[45] Leopold Sello (1785 – 1874), seit 1811 Leiter des Galmei-Bergbaues und Hüttenwesens in Tarnowitz (Oberschlesien), 1814 zugleich Mitglied des oberschlesischen Bergamtes, 1816 Direktor des Saarbrücker Bergamtes bis zu seiner Versetzung in den Ruhestand 1857.
[46] Natürlich schon bei A. Haßlacher, zuletzt sehr ausführlich bei Hans-Günter Reitz: Sulzbach. Sozialgeographische Struktur einer ehemaligen Bergbaustadt im Saarland, Saarbrücken 1975, S. 26ff.
[47] LAS, Best. 563/3, Nr. 39, p. 71.
[48] LAS, Best. 564, Nr. 141, p. 81.

Wenn die Bergleute nicht selbst, etwa durch Erbschaft, über geeignete Bauplätze verfügten, wurden ihnen diese von der Grubenverwaltung zu angemessenem Preis verkauft unter Bedingungen, die 1856 näher festgelegt wurden; gleichzeitig erhöhte man die Prämien und Darlehen: jeder Bauwillige erhielt einen Bauplatz von ca. 640 qm zum Preise von 25 Talern und einen Bauvorschuß bis zu 300 Talern. Erst nach der Fertigstellung des Hauses war die Bauprämie fällig, die nun, je nach der Größe des Hauses, 120–150 Taler betragen konnte. Es blieb bei der Sicherung des Darlehens durch eine Erste Hypothek auf Haus und Grundstück, doch von einer Bürgschaftsleistung konnte abgesehen werden, wenn der Antragstelle als fleißig und ordentlich bekannt war.

Jeder Verkauf des Bauplatzes oder des Hauses vor Tilgung des Darlehens unterlag der Genehmigung des Bergamtes, der Bauplatz nebst Zubehör fiel in diesem Falle der Knappschaftskasse zu. Die Häuser mußten in Stein und Mörtel gebaut werden, und der Bauende hatte sich nach einem Ansiedlungsplan zu richten. Schließlich hatte der Antragsteller den Nachweis guter Führung zu erbringen, er mußte gedient haben, Familienvater und nicht älter als 40 Jahre sowie guter Gesundheit sein. Die Wahl der Bauplätze stand den Bewerbern zwar frei, doch mußten sie in einem von der Grubenverwaltung genau bezeichneten Baubezirk liegen. Bei der Eingemeindung der so entstehenden Bergmannskolonien in die angrenzenden Kommunen gab es anfangs aus sozialen und fiskalischen Gründen erhebliche Widerstände bei den betroffenen Gemeinden, die aber im Laufe der Zeit überwunden werden konnten. In der Kolonie Seitersgräben wurden 1856: 6 Prämienhäuser gebaut,[49] im Jahre darauf waren es 23, für welche Bauprämien in Höhe von insgesamt 3355 Talern gezahlt und Darlehen in Höhe von 8405 Talern gewährt wurden,[50] das waren 145 Taler Prämie und 365 Taler Vorschuß im Durchschnitt für jedes Haus. Im Jahre 1858 wurden an 17 Bergleute Prämien von insgesamt 2835 Talern gezahlt oder rund 165 Taler in jedem Einzelfall,[51] im Jahre 1859: 4905 Taler an 26 Bergleute oder rund 190 Taler an jeden Bauwilligen.[52]

In der Zeit von 1842–1859 waren in Sulzbach–Altenwald insgesamt 155 Bergmannshäuser gebaut worden, davon immerhin 100 auf eigenem Grund und Boden in den beiden Ortschaften selbst, die übrigen in der Kolonie Seitersgräben,[53] die am Ende des Jahres 1860 auf 65 Häuser angewachsen war mit 780 Bewohnern, darunter 156 Bergleute.[54] Das heißt aber, daß in einem Bergmannshaus mit in der Regel einer Küche und 4 Wohnräumen, die eine Wohnfläche von insgesamt ca. 80 qm aufwiesen, 12 Menschen wohnten: neben der Bergmannsfamilie noch die erwähnten Einlogierer. Im Lichte des dem heutigen Betrachter geläufigen und gewohnten Wohnkomforts unserer Wohlstandsgesellschaft nehmen sich solche Wohnverhältnisse natürlich dürftig aus, aber gemessen an dem damals Üblichen, gewinnt das Ganze ein völlig anderes Aussehen.

---

[49] H.-G. R e i t z, a.a.O., S. 28.
[50] LAS, Best. 564, Nr. 406, p. 15.
[51] ebenda, p. 177 ff.
[52] ebenda, p. 385.
[53] ebenda, p. 282.
[54] LAS, Best. 564, Nr. 141, p. 95.

Mit einer großen Familie in kleinen Wohnungen zu leben, die wenig Licht und Luft gewährten, und in denen neben der Küche nur ein Zimmer heizbar war, aus finanziellen Gründen jedoch gewöhnlich nur die Küche geheizt wurde, das war damals und bis in eine noch gar nicht so ferne Vergangenheit das für den weit überwiegenden Teil der Bevölkerung durchaus Übliche. Jedoch im eigenen Häuschen zu wohnen, auf eigenem Grund und Boden zu sitzen mit einem Viertel Morgen Garten hinter dem Haus, der nicht nur den Bedarf an Gemüse deckte, sondern auch noch die Möglichkeit gab, Kleinvieh und die berühmte Bergmannskuh zu halten, das waren Vorzüge, die der heutige Betrachter kaum noch richtig einzuschätzen weiß.

II. Die Inspektion Sulzbach – Altenwald bis zur Gründerkrise (1861 – 1880)

Im Sommer 1861 erfuhr die Organisation der preußischen Bergverwaltung an der Saar zwei wichtige Veränderungen, die zwar zeitlich zusammen fielen, aber ursprünglich nichts miteinander zu tun hatten: die Errichtung einer Bergwerksdirektion anstelle des Bergamtes und die Einrichtung von Berginspektionen,[1] die eine effektivere Leitung der einzelnen Grubenbetriebe ermöglichen sollten. Bis dahin lag die eigentliche Führung des technischen und wirtschaftlichen Betriebes der einzelnen Grube in den Händen der auf den Gruben selbst oder in ihrer Nähe wohnenden Fahrsteiger, denen die Revierbeamten (Berggeschworene oder Obersteiger) als Aufsichtsorgane vorgesetzt waren, welche ihrerseits wiederum den 5 Bergmeistern unterstanden. Diese waren die eigentlich verantwortlichen Leiter der Gruben im Bereich ihrer Bergmeisterei, sie hatten ihren Amtssitz in Saarbrücken und gehörten mit beratender Stimme dem Bergamte an.

Als Bergamtsdirektor Krause[2] 1857 die Nachfolge Sellos antrat, bestand eine seiner ersten Amtshandlungen darin, Vorschläge für eine Vereinfachung dieser komplizierten Verwaltung dem Handelsminister vorzutragen und am Ende auch, wenngleich nicht ganz im Sinne seiner Vorstellungen, durchzusetzen. Sie liefen darauf hinaus, die Mittelinstanz der Geschworenen abzuschaffen und an die Stelle der 5 Bergmeistereien 8 Berginspektionen zu setzen, deren Chefs aber nun nicht mehr in Saarbrücken, sondern in der Nähe ihrer Gruben zu residieren hätten, um sie besser überwachen und leiten zu können, während der technische Betrieb der einzelnen Gruben, wie bisher, von Fahr- oder Obersteigern geleitet werden sollte. Das Oberbergamt in Bonn reichte Krauses Vorschläge am 21. Juli 1860 befürwortend nach Berlin weiter.

Inzwischen waren aber durch Gesetz vom 10. Juni 1861 die Bergämter aufgehoben und ihre Funktionen, die Ausübung der Berghoheit und Bergpolizei, auf die Oberbergämter übertragen worden. Für das Saarrevier, wo das Bergamt zugleich als verwaltende Behörde der staatseigenen Steinkohlengruben fungierte, ordnete ein Kgl. Erlaß vom 29. Juni 1861 für diesen Bereich der bergamtlichen Tätigkeit die Errichtung einer Bergwerksdirektion an, die in ihrer Amtsführung eine größere Selbständigkeit erhielt, als sie das Bergamt zuvor bezüglich der Betriebsführung der Gruben besessen hatte. Zugleich aber blieb die Bergwerksdirektion mit der Ausübung der Bergpolizei (bis 1893) beauftragt, eine Inkonsequenz, die dazu führte, daß die verwaltende Behörde gewissermaßen sich selbst kontrollierte.

Die Bergwerksdirektion wurde durch Ministerialerlaß vom 26. Juni 1861, seltsamerweise also schon drei Tage vor dem erwähnten Allerhöchsten Erlaß, offiziell errichtet und zugleich „unter der unmittelbaren Leitung dieser Direktion" sieben Berginspektionen, von denen Sulzbach-Altenwald, zusammen mit Friedrichsthal und Quierschied, die fünfte bildete unter der Leitung des schon genannten Gustav Pfaehler. Am 9. September erließ der Minister für Handel, Gewerbe und öffentliche Arbeiten eine Dienstinstruktion für die neue Behörde mit der Maßgabe, sie zum 1. Oktober 1861 in Kraft zu setzen, sodaß mit diesem Tage die Bergwerksdirektion und die Inspektionen definitiv konstituiert waren.

---

[1] Dazu im einzelnen: E. Klein: Organisation und Funktion der preußischen Bergbehörden an der Saar (1815 – 1920). In: Ztschr. f. d. Gesch. d. Saargegend, Bd. XXXIII, 1985, S. 85 ff.
[2] Wilhelm August Krause (1817 – 1861) war vorher, seit 1854, Bergamtsdirektor in Halberstadt; er verunglückte 1861 beim Befahren der Grube Gerhard.

Am 24. November 1864 beantragte der Vorsitzende der Bergwerksdirektion Serlo,[3] die Zahl der Inspektionen auf 8 zu erhöhen, und begründete dies mit der ungleichen Größe und Förderleistung der Gruben; einige Inspektionen hätten eine solche Ausdehnung gewonnen, daß sie von einem Berginspektor allein nicht mehr geleitet werden könnten. Die neue, von Serlo angeregte und vom Handelsminister Grafen von Itzenplitz am 13. Dezember 1864 genehmigte Organisation sah vor, daß vom 1. Januar 1865 ab die Gruben Sulzbach und Altenwald allein die V. Berginspektion bilden, Friedrichsthal und Quierschied aber mit Reden und Merchweiler zur VI. gehören sollten. Vom 1. Januar 1866 ab wurde übrigens die Grubenabteilung Sulzbach (Mellinschächte) wieder von Dudweiler abgetrennt und mit Altenwald vereinigt.

1. Der technische Betrieb

Wie bei allen anderen Gruben des Reviers war es auch auf Sulzbach-Altenwald unvermeidlich, den Abbau in immer größere Tiefen vorzutreiben, und zwar in dem Maße, wie die über der Flottwell-Venitzstollensohle anstehenden Kohlen allmählich zum Verhieb kamen. Der Gegenortschacht wurde 1862 auf 48 Lachter (= rund 96 m) unter die Saarsohle abgeteuft, die bei 198 m oder 57 m unter Tage verlief, und dort, in rund 150 m unter Tage die 1. Tiefbausohle angesetzt, aus welcher im nächsten Jahre schon 3 231 to gefördert wurden. Der weitaus größte Teil der Förderung – 175 063 to – erfolgte aus der Saarstollensohle.[4]

Der Altenwalder Eisenbahnschacht I erreichte 1865 die erste Tiefbausohle, der Eisenbahnschacht II ein Jahr später, während der Mellinschacht I bei Wiedervereinigung der Gruben, also zu Anfang des Jahres 1866, schon bis zu 2. Tiefbausohle, rund 210 m unter Tage, niedergebracht war; der Venitzschacht erreichte diese Teufe im Laufe des Jahres 1866.[5] Drei Jahre später wurde das Abteufen des Mellinschachtes II zur 3. Tiefbausohle, die bei -20 m NN oder 270 m unter Tage lag, in Angriff genommen, im Jahre 1870 wegen des Krieges unterbrochen und 1871 fortgeführt; als man jedoch wegen großer Wasserzuflüsse auf Schwierigkeiten stieß, brachte man zunächst den Mellinschacht I bis zur 3. Sohle nieder.[6]

Im Sulzbacher Feld war die über der Saar- und 1. Tiefbausohle anstehende Kohle 1871 schon „fast abgebaut. Die besseren hangenden Flöze mußten nach Westen wegen des Dorfes Sulzbach unverritzt stehen bleiben", und in der 2. Sohle „machte die Aufschließung des Feldes nach Osten infolge des Auftretens des 1. und 2. Sulzbacher Sprunges Schwierigkeiten".[7] Um auch den Mellinschacht I zur 3. Sohle niederzubringen, unterfuhr man ihn 1872 von Schacht II aus und führte ihn durch Überbrechen zur 3. Sohle herab.[8] Zur gleichen Zeit erreichte im Altenwalder Feld der Gegenortschacht die 3. Tiefbausohle,

---

3 Albert Ludwig Serlo (1824 – 1898), 1856 Bergmeister in Bochum, 1857 Oberbergrat im Oberbergamt Dortmund, 1861 Vors. d. Bergwerksdirektion Saarbrücken, 1864 Hilfsarbeiter im Handelsministerium, 1867 Berghauptmann und Direktor des Oberbergamtes Breslau, 1878 Oberberghauptmann und Ministerialdirektor in Berlin, 1884 Ruhestand.
4 LAS, Best. 564, Nr. 141, p. 103.
5 ebenda, p. 109.
6 ebenda, p. 127.
7 ebenda, p. 129.
8 ebenda, p. 131.

und im Distrikt Kreuzgräben des Fischbachtales wurden zwei weitere Tiefbauschächte angehauen. Der nach Westen liegende Schacht I erreichte im gleichen Jahre noch eine Teufe von 56 m, der nach Osten liegende Schacht II eine solche von 24,5 m.

Im Jahre 1873 wurde der Betrieb „durch das Anhauen des Lochwies-Schachtes in der Mitte zwischen den Eisenbahn- und Mellinschächten" erweitert, „um für beide Gruben-abteilungen zur Wetterführung und Beschleunigung der Vorrichtungsarbeiten zu dienen".[9] Der Lochwies-Schacht erreichte eine Teufe von 54 m, der Sulzbacher Gegenort-schacht die 3. Tiefbausohle, und die beiden Kreuzgrabenschächte wurden weiter abge-sunken auf 78 resp. 65 m. Im Altenwalder Felde erreichte der Eisenbahnschacht I die 3. Tiefbausohle.

Die 1874 einsetzende Krise machte einem weiteren Ausbau des Grubenbetriebes vorläufig ein Ende. In welchem Maße während der hier zu behandelnden beiden Jahrzehnte der Tiefbau gegenüber dem Stollenbau an Ausdehnung gewann, macht die nachfolgende Ta-belle deutlich, in welcher die allmähliche Verlagerung des Abbaues in größere Tiefen er-kennbar wird.[10]

Jahr	Altenwald				
	Flottwell-stollensohle to	Saar-stollensohle to	1. Tief-bausohle to	2. Tief-bausohle to	3. Tief bausohle to
1863	70 530	175 063	3 231	—	—
1864	52 058	206 322	18 055	—	—
1865	6 924	263 368	21 435	—	—
1866	—	276 091	43 681	—	—
1867	—	280 059	98 965	—	—
1868	—	370 849	370 849[11]	—	—
1869	361	145 262	222 845	13 716	—
1870	417	60 927	181 756	44 783	—
1871	539	35 100	207 428	63 176	—
1872	513	33 055	213 067	153 949	—
1873	475	9 492	237 618	161 375	696
Für die Jahre 1874 – 1877/78 keine Angaben					
1878/79	—	—	241 775	166 990[12]	—
1879/80	—	—	236 400	174 661[13]	—

---

[9] ebenda, p. 136.
[10] Zusammengestellt aus LAS, Best. 564, Nr. 141 und in Tonnen umgerechnet. Die Förderung ist nicht immer für alle Sohlen angegeben, oft heißt es: „die Hauptförderung" erfolgte auf den ge-nannten Sohlen.
[11] In den Akten heißt es: 7 416 980 Ztr., „je zur Hälfte" aus Saarsohle und 1. Tiefbausohle. Da si-cherlich nicht auf den Ztr. genau die Hälfte gemeint ist, ist oben zweimal die Gesamtförderung aufgeführt.
[12] Die übrigen Sohlen zusammen: 17 658 to.
[13] Die übrigen Sohlen zusammen: 14 553 to.

Jahr	Sulzbach				
	Venitz-stollensohle to	Saar-stollensohle to	1. Tief-bausohle to	2. Tief-bausohle to	3. Tief-bausohle to
1866	5 150	72 993	43 681	—	—
1867	5 554	45 315	98 205	1 251	—
1868	—	55 733	119 352	—	—
1869	16 769	38 972	105 169	17 320	—
1870	19 710	21 332	54 151	31 106	1 288
1871	34 758	26 504	46 374	45 773	368
1872	44 198	26 706	33 005	57 447	6 340
1873	27 711	11 340	43 348	61 295	20 695
Für die Jahre 1874 – 1877/78 keine Angaben					
1878/79	—	—	38 458	81 885	keine Ang.
1879/80	—	—	31 477	94 561	24 136[14]

Bei zunehmender Abbautiefe stand man begreiflicherweise auch vor immer größeren Schwierigkeiten hinsichtlich der Wasserhaltung und der Bewetterung. Da die Wasserhaltungsmaschinen über Tage plaziert werden mußten, wurden die zu den Pumpen unter Tage führenden Gestänge immer länger und somit bruchanfälliger. Im Jahre 1871 hatte ein solcher Gestängebruch auf Mellin I zur Folge, daß die 2. Tiefbausohle für drei Wochen ersoff,[15] und in der Venitzstollensohle ersoff eine einfallende Strecke durch Defekt des Lokomobilkessels.

Es mußten indessen nicht erst Maschinendefekte auftreten, schon anhaltende Regenfälle konnten, wie im Herbst 1872 in Sulzbach geschehen, zu derartigen Wasserzuflüssen führen, daß die Wasserhaltungsmaschinen sie nicht mehr zu bewältigen vermochten. Die 3. Tiefbausohle ersoff, und man war genötigt, die schleunige Beschaffung einer 2. Wasserhaltungsmaschine ins Auge zu fassen.[16] Da dies aus technischen wie finanziellen Gründen nicht von heute auf morgen geschehen konnte, kam im nächsten Jahr (1873) die 3. Sohle der Grube Sulzbach abermals mehrfach zum Ersaufen.

Man suchte daher die maschinelle Ausrüstung zur Förderung und Wasserhaltung sukzessive zu verbessern: 1863 erhielt der Sulzbacher Gegenortschacht eine 15-PS-Lokomobile zur Wasserhaltung und Förderung, der Eisenbahnschacht II wurde mit einer 120-PS-Zwillings-Fördermaschine ausgerüstet,[17] 1867 eine neue Fördermaschine mit Spezialseilkorb auf dem Eisenbahnschacht I in Betrieb genommen,[18] 1868 in Sulzbach auf Mellin I die alte Fördermaschine durch eine neue Zwillingsmaschine mit Spezialseilkörben ersetzt,

---

14 Die übrigen Sohlen zusammen: 8 298 to.
15 LAS, Best. 564, Nr. 141, p. 128.
16 ebenda, p. 132.
17 ebenda, p. 98, 100.
18 ebenda, p. 112.

1869 am Gegenortschacht Altenwald eine 27-zöllige Zwillingsmaschine aufgestellt, und 1872 erhielt auch der Mellinschacht II eine neue Fördermaschine. Am Venitzschacht wurde 1874 eine zweite Wasserhaltungsmaschine installiert, am Kreuzgräbenschacht II eine neue Fördermaschine, die zugleich der Wasserhaltung diente.[19] In den folgenden Jahren unterblieben infolge der Absatzkrise Neuanlagen, nur die Kreuzgräbenschächte wurden maschinell besser ausgerüstet.

Bestand diese maschinelle Ausrüstung bis in die Mitte der 60er Jahre ausschließlich aus Dampfmaschinen, stationär oder mobil, so benutzte man seit 1867 auch Kompressionsmaschinen: mit Druckluft arbeitende Gesteinsbohrmaschinen und Haspel, die sich für den Unter-Tage-Betrieb einfach deshalb besser eigneten, weil bei ihrer Verwendung keine Brandgefahr bestand. Zu Bränden kam es ohnehin immer wieder, so am 3. September 1868 im Hauptwetterschacht auf Altenwald,[20] möglicherweise ausgelöst durch den dort aufgestellten Wetterofen; erst im Juli des folgenden Jahres konnte der Betrieb wieder aufgenommen werden, doch schon im Dezember wurde der gleiche Schacht abermals von einem Brand heimgesucht.

Neben der Wasserhaltung und Förderung bildete die Wetterführung ein mit zunehmender Abbautiefe wachsendes Problem, dem mit der Aufstellung von Wetteröfen, die lediglich den natürlichen Luftzug unterstützten, nicht mehr beizukommen war. Hatte man noch 1866 und 1868 neue Wetteröfen aufgestellt, so wurde 1870 auf Altenwald eine Ventilator-Anlage in Betrieb genommen, bestehend aus zwei Guibal-Ventilatoren von 2½ m Breite und 7 m Durchmesser, angetrieben von zwei stationären Dampfmaschinen.[21] Dadurch erhielt die Grube mit zwei ausziehenden Wetterschächten, den Förderschächten im Westen und dem Einziehschacht im Ostfelde eine „ausreichende Bewetterung". An den Kreuzgräbenschächten wurde 1874 ebenfalls eine Ventilator-Anlage montiert, die jedoch aus Gründen, die den Akten nicht zu entnehmen sind, 1879 immer noch nicht in Betrieb war.

Um der Gefahr von Schlagwetter-Explosionen vorzubeugen, wurde am 8. April 1868 ein Reglement über den Gebrauch von Sicherheitslampen erlassen, das für die Grubenabteilung Altenwald eine tägliche Überprüfung sämtlicher Betriebspunkte durch Wettermänner sowie die Benutzung der Sicherheitslampen für alle schwebenden Betriebe vorschrieb.[22]

Die Mechanisierung des Betriebes erfaßte allmählich auch die Über-Tage-Anlagen: am Flottwellstollen wurde 1864 ein Sägewerk errichtet,[23] zwei Jahre später auch am Venitzschacht. Im gleichen Jahr verlegte man auf Altenwald die Lokomobile vom Saarstollen – Gegenortschacht zu den Eisenbahnschächten, um dort als Antriebsmaschine von Werkzeugmaschinen zu dienen, während man die dortige Lokomobile demontierte, um sie für

---

[19] ebenda, p. 140.
[20] ebenda, p. 116.
[21] ebenda, p. 120, 122, 125.
[22] ebenda, p. 118.
[23] ebenda, p. 102.

den Betrieb der Schmiede an den Mellinschächten zu verwenden,[24] wo 1867 auch für die Separation eine Betriebsmaschine zum Einsatz kam. Der Maschinenbesatz der Grube Sulzbach-Altenwald sah im Jahre 1878/79 folgendermaßen aus:[25]

6	Wasserhaltungsmaschinen mit zusammen	467 PS
9	Fördermaschinen mit zusammen	1 053 PS
3	Maschinen zur Förderung und Wasserhaltung mit zusammen	107 PS
20	Dampfmaschinen und Lokomobile in den Nebenbetrieben mit zusammen	557 PS
1	Preßluftmaschine mit	3 PS

Bliebe noch zu erwähnen, daß 1868 am Flottwellstollen eine Gasanstalt eingerichtet wurde, die der Beleuchtung an den Eisenbahnschächten und am Gegenortschacht diente, und daß 1875 auf Altenwald versucht wurde, einen Pfeilerrückbau mit Bergeversatz einzuführen.[26] An schweren Unfällen ist uns aus diesen 20 Jahren lediglich die Explosion eines Dampfkessels am 5. November 1866 überliefert, die ein Menschenleben gefordert hat.[27]

Zu einem technischen Problem wurde schließlich auch die Befahrung der Gruben, die ja bis dahin über Stollen und einfallende Strecken erfolgte, während bei fortschreitendem Tiefbau sich die Frage erhob, ob das Befahren der Schächte besser durch Fahrkünste oder Seilfahrt geschehen sollte. Schon 1854/55 war das Problem der Seilfahrt unter den Berg- und Oberbergämtern erörtert worden, wobei die Mehrzahl der Bergbehörden der Ansicht gewesen war, daß die Seilfahrt bei tieferen Schächten unumgänglich, und daß sie bei geeigneten Sicherheitsvorkehrungen auch nicht gefährlicher sei als die Befahrung mittels Fahrten und Fahrkünsten, eher sei das Gegenteil der Fall.

Eine Entscheidung traf man zunächst nicht, weil eine gerade im Hinblick auf das hier anstehende Problem wirksamere Handhabung der Bergpolizei erforderlich sei; als diese durch den Zirkular-Erlaß vom 8. August 1857 gewährleistet schien, erging am 26. März 1858 ein Erlaß des Handelsministers von der Heydt,[28] welcher „das in den meisten Bergbezirken noch bestehende, unbedingte Verbot der Befahrung der Schächte auf dem Seil" aufhob, das ohnehin, wie es hieß, vielfältig übertreten werde. Der Minister machte sich das Mehrheitsvotum der Bergbehörden zu eigen, daß die Seilfahrt keinesfalls gefährlicher sei als die Benützung von Fahrkünsten, die überdies kostspieliger seien.

„Weil aber", hieß es dann weiter, „das Ausfahren der Grubenarbeiter auf den gewöhnlichen Fahrten aus tiefen Schächten eine der Gesundheit nachteilige Anstrengung erfordert, die ohnehin die Arbeitsleistung beeinträchtigt, und weil die Eigentümlichkeit des Bergbau-Betriebes in manchen Revieren… eine andere Befahrungsweise als auf dem Seil nicht zuläßt, so erscheint es nicht geraten", das Verbot der Seilfahrt aufrechtzuerhalten. Angesichts der Verschiedenheit der lokalen Verhältnisse, sah der Minister davon ab, ein allgemeines Regulativ zu erlassen, sondern er überließ es den Oberbergämtern, polizei-

---

[24] ebenda, p. 110.
[25] LAS, Best. 564, Nr. 2008, nicht paginiert.
[26] LAS, Best. 564, Nr. 141, p. 144.
[27] ebenda, p. 108.
[28] LAS, Best. 564, Nr. 377. August Frh. v. d. Heydt (1801 – 1874), von 1848 – 1862 Minister für Handel, Gewerbe und öffentliche Arbeiten.

liche Anordnungen für die Seilfahrt zu treffen, doch gebe es „allgemeine Bestimmungen", die für alle Grubenbetriebe Geltung beanspruchen könnten, und diese waren dem ministeriellen Erlaß beigefügt mit der Aufforderung zur Stellungnahme.

Das Bergamt Saarbrücken, am 15. August vom Oberbergamt Bonn zu einer solchen Stellungsnahme aufgefordert, antwortete am 6. Juni 1858, daß es gegen jene „allgemeinen Bestimmungen" nichts einzuwenden hätte. Daraufhin erließ das Oberbergamt Bonn am 11. September 1858 eine „Polizei-Verordnung wegen Befahrung der Schächte auf dem Seil",[29] deren Inhalt hier nicht im einzelnen erörtert zu werden braucht, doch verdient der § 11 dieser Verordnung vielleicht Erwähnung, der nämlich vorschrieb, daß „kein Arbeiter gezwungen werden darf, sich des Seils zum Fahren zu bedienen", und daß „eine Weigerung in dieser Beziehung niemals ein Grund zur Entlassung aus der Arbeit sein kann".

Das Problem war indessen für das Saarrevier noch nicht so brennend wie anderswo. Die Saarbrücker Bergwerksdirektion berichtete noch am 29. Oktober 1863 an das Oberbergamt in Bonn,[30] man sei zwar einhellig der Meinung, daß die Seilfahrt „zur Erhaltung der Arbeitskräfte" von größtem Nutzen sei, und daß die Unfälle bei allgemeiner Einführung der Seilfahrt gegenüber dem derzeitigen Zustand, wo das Seil „häufig unbefugter Weise zum Fahren benutzt" werde, sich kaum vermehren würden. Dessen ungeachtet werde man an der Saar die Seilfahrt aber vorläufig nicht in großem Umfang anzuwenden brauchen, „da ein großer Teil der Betriebspunkte noch nicht zu bedeutenden Tiefen vorgedrungen ist, und überall durch die einfallenden Strecken … eine bequeme Anfahrung für die Belegschaft geboten ist". Nur für Dudweiler-Jägersfreude sei man gegenwärtig mit der Vorrichtung der Seilfahrt beschäftigt.

Am 1. Februar 1864 regte das Oberbergamt an, ob man nicht für diejenigen Förderkörbe, welche der Seilfahrt dienen, Fangvorrichtungen, wie sie in Belgien bereits angewendet würden, bergpolizeilich vorschreiben sollte.[31] Die Saarbrücker Bergwerksdirektion antwortet am 26. Februar,[32] es sei zwar unzweifelhaft, daß das Vorhandensein einer Fangvorrichtung der Seil fahrenden Mannschaft „moralische Beruhigung" gewähre, denn die Vorrichtung könnte bei einem Seilbruch ja immerhin funktionieren. Die bisher bekannten Konstruktionen böten allerdings keine absolute Sicherheit, auch seien sie so schwer, daß sie einen Seilbruch eher herbeiführten als verhinderten.

Es sei zwar wünschenswert, die Körbe „mit erprobten und nicht zu schwer ins Gewicht fallenden Fangvorrichtungen" zu versehen, doch sollte dies, sofern solche Vorrichtungen überhaupt zur Verfügung stünden, nicht polizeilich vorgeschrieben werden. Dagegen sei zu empfehlen, Körbe und Seile täglich genaustens zu überprüfen, darüber hinaus aber das Anbringen von Signalen allerdings polizeilich zu verlangen.

Fünf Jahre später wurde erst auf drei Saargruben die Seilfahrt betrieben: Gerhard-Prinz Wilhelm, Dudweiler-Jägersfreude und Sulzbach-Altenwald, allerdings immer noch in

---

[29] ebenda.
[30] LAS, Best. 564, Nr. 354, p. 13 ff.
[31] ebenda, p. 37.
[32] ebenda, p. 45.

recht bescheidenem Umfang.[33] Auf der letztgenannten Grube fuhren von 2 351 Mann nur 271 am Seil ein. Im Jahre 1875 war zwar auf allen Saargruben die Seilfahrt inzwischen eingeführt worden, doch die An- und Ausfahrt geschah immer noch zum größten Teil in der traditionellen Weise. Auf Sulzbach-Altenwald fuhren von 2 139 Bergleuten nur 529 am Seil ein und 712 aus.[34] Auf allen Saargruben waren es von 18 288 Mann 2 853, welche das Seil zur Einfahrt, und 2 697, die es zur Ausfahrt benutzten.

2. Der wirtschaftliche Betrieb

Die schon seit 1860 andauernde Konjunktur setzte sich 1862 fort und erhielt in der zweiten Jahreshälfte noch dadurch weiteren Auftrieb, daß die Bergwerksdirektion am 1. April den Kohlepreis um 12,5 % senkte, und die französische Ostbahn ihre Frachtsätze herabsetzte, so daß „der Absatz nach den von dieser Bahn durchschnittenen Departements sich erheblich hob und die belgische Kohle zurückdrängte".[35] Am meisten kam indessen die Preisermäßigung dem Hauptabnehmer der Sulzbach-Altenwalder Grube zugute, der Haldy'schen Kokerei, die zudem noch vertraglich auf den Normalpreis einen Rabatt von 10 % erhielt. Da nun aber 56 % der Förderung an die Firma Haldy geliefert wurde, ergab sich trotz Mehrförderung der Grube eine Verminderung des Überschusses. Der Pflege des Absatzes diente es auch, daß man 1862 den Verkauf auf Kredit einführte, während man bis dahin streng auf Barzahlung bestanden hatte.

Aus den genannten Gründen nahm der Absatz nach Frankreich auch 1863 noch zu „und verdrängte dort fast die belgische Kohle",[36] während gleichzeitig die Koksproduktion der Haldy'schen Kokerei in Altenwald derartig zunahm, daß ihr über das zu Begünstigungspreisen abzugebende Vertragsquantum von 125 000 to hinaus noch weitere 15 000 to, natürlich zum Normalpreis berechnet, geliefert wurden. Der Export nach Frankreich belief sich auf rund 56 000 to.

Die Nachfrage nahm 1864 noch zu, sie blieb auch in den folgenden beiden Jahren, ungeachtet des preußisch-österreichischen Krieges, sehr lebhaft, so daß sie, insbesondere 1866, nicht immer voll befriedigt werden konnte, „da ein großer Teil der Belegschaft bei Ausbruch des Krieges zur Fahne einberufen wurde".[37] Nach dem Kriege, im Jahre 1867, stieg die Nachfrage abermals derart an, daß 259 auswärtige Arbeiter herangezogen werden mußten, um die Förderung der Marktlage anpassen zu können,[38] die 1868 sich insofern ungünstiger gestaltete, als die Preise generell, nicht nur die Kohlenpreise, unter Druck gerieten. Der Absatz blieb jedoch auch im nächsten Jahr bedeutend, er geriet lediglich durch den Kriegsausbruch 1870 ins Stocken.

Doch „mit dem Vorrücken der Armeen nach Frankreich" stieg die Nachfrage derart, „daß selbst bei regelmäßigen Zeiten den gesteigerten Ansprüchen nicht zu genügen ge-

---

[33] ebenda, p. 55 f.
[34] ebenda, p. 165 f.
[35] LAS, Best. 564, Nr. 141, p. 98.
[36] ebenda, p. 100.
[37] ebenda, p. 108.
[38] ebenda, p. 113.

wesen wäre",[39] dies umso weniger, als es infolge des Krieges an Eisenbahnwaggons mangelte, was auch 1871 noch der Fall war. Im Jahre 1872 setzte dann der bekannte Boom ein, der sich in einer lebhaften Nachfrage, steigenden Preisen, die im Laufe des Jahres um, sage und schreibe, 50 % kletterten, und entsprechend großen Überschüssen niederschlug.[40] Diese Hochkonjunktur hielt auch 1873 noch an, so daß die in diesen Jahren erzielten Betriebsergebnisse „die besten waren, welche die Grube je erreichte".

Die 1874 einsetzende Krise übte auf die Grube zunächst noch keinen wesentlichen Einfluß aus, erst 1875 geriet der Kohlenpreis so unter Druck, daß die Gewinne schrumpften;[41] gleichzeitig stagnierte der Absatz. Die rückläufige Bewegung der Kohlenpreise dauerte auch 1876 und im Rechnungsjahr 1877/78 an, so daß Neuanlagen beschränkt, die Löhne reduziert und Arbeiter entlassen werden mußten. Beides führte indessen nicht etwa zu einem Rückgang der Förderung, sondern sie stieg im Gegenteil noch an durch eine entsprechende Steigerung der Arbeitsleistung.[42] Auch in den Rechnungsjahren 1878/79 und 1879/80 waren günstige Betriebsergebnisse nur zu erzielen durch eine Beschränkung der Aus- und Vorrichtungsarbeiten sowie die Unterlassung aller nicht dringend gebotenen Neuanlagen.[43]

Förderung und Absatz[44]

Jahr:	Förderung (to)			Absatz (to)
	Sulzbach	Altenwald	Insgesamt	
1862	—	212 669	212 669	212 895
1863	—	248 824	248 824	249 294
1864	—	276 436	276 436	276 153
1865	—	292 170	292 170	291 671
1866	121 969	306 093	428 062	428 486
1867	150 626	379 041	529 667	520 163
1868	188 678	370 866	559 544	559 988
1869	179 150	388 438	567 588	567 341
1870	127 903	289 224	417 127	416 823
1871	154 247	308 554	462 801	462 759
1872	165 850	402 124	567 974	568 307
1873	165 322	411 369	576 691	576 295
1874	126 879	419 274	546 153	546 991
1875	149 861	409 326	559 187	558 831
1876	153 109	406 443	559 552	559 648
1877/78	140 855	420 145	561 000	561 007
1878/79	146 376	426 424	572 800	572 512
1879/80	158 472	425 614	584 086	584 469

[39] ebenda, p. 122.
[40] ebenda, p. 130, 132.
[41] ebenda, p. 144.
[42] ebenda, p. 151.
[43] ebenda, p. 153 ff, 159.
[44] ebenda, p. 203 ff.

Wie vorstehende Zahlen deutlich machen, nahmen Förderung und Absatz in den Jahren 1862 – 69 um 82 % oder jährlich annähernd 12 % zu; der Krieg von 1870/71 brachte einen vorübergehenden Rückgang von 18 %, der jedoch schon 1872 aufgeholt war. Der Gründerboom von 1872/73 fand im Steinkohlenbergbau an der Saar, wie oben ersichtlich, nicht in steigenden Förder- und Absatzziffern, sondern – wie noch zu zeigen sein wird – in hohen Preisen und dadurch verursachten bedeutenden Gewinnen seinen Niederschlag. Umgekehrt führte die Gründerkrise nicht etwa zu einem Rückgang von Absatz und Förderung, sondern nur zu deren Stagnation, während die ungünstigen Betriebsergebnisse dieser Jahre die Folge sinkender Kohlepreise gewesen sind.

Die Verdoppelung der Förderung während des hier betrachteten Zeitraumes war immer noch, wie in den früheren Perioden, eine Folge des vermehrten Einsatzes von Arbeitskräften, nicht einer erhöhten Arbeitsproduktivität, und das mußte so bleiben, solange die eigentlichen Gewinnungsarbeiten von Hand verrichtet wurden. Die Arbeitsleistung pro Mann und Schicht ist nämlich annähernd die gleiche geblieben wie in den Jahren zuvor; die jährlichen Schwankungen erklären sich aus der unterschiedlichen Lagerung und Mächtigkeit der Flöze sowie dem Umfang der notwendigen Aus- und Vorrichtungsarbeiten.

Die Löhne dagegen haben in den Jahren der Konjunktur eine allmählich Erhöhung erfahren bis zu 25 % (1874), fielen dann aber während der Krisenjahre auf das Niveau von 1860 zurück.

Belegschaft, Schichtleistung und Schichtlohn

Jahr	Belegschaft	Leistung pro Mann und Schicht kg	Schichtlohn im Durchschnitt M
1862	1 155	650	2,88
1863	1 210	710	2,96
1864	1 325	700	3,11
1865	1 419	650	3,22
1866	2 209[45]	750	2,92
1867	2 468	720	3,22
1868	2 573	750	3,28
1869	2 583	750	3,23
1870	2 117	keine Angaben	keine Angaben
1871	2 278	690	3,25
1872	2 692	720	3,56
1873	2 687	760	3,56
1874	2 640	720	3,65
1875	2 663	740	3,42
1876	2 604	780	3,26
1877/78	2 455	850	3,14
1878/79	2 392	890	3,07
1879/80	2 356	880	3,04

[45] Sulzbach wieder mit Altenwald vereinigt

Die Preisentwicklung im allgemeinen war oben schon dargelegt worden, die Daten im einzelnen nebst Selbstkosten und Überschüssen zeigen die nachfolgenden Tabellen:[46]

Jahr	Selbstkosten pro Tonne (M)			
	General-kosten	Betriebs-löhne	Betriebs-material	Bauten
1862	0,32	3,86	0,70	0,28
1863	0,30	3,64	0,70	0,15
1864	0,39	3,88	0,99	0,13
1865	0,33	3,95	0,97	0,22
1866	0,44	3,96	1,03	0,51
1867	0,42	3,83	0,98	0,75
1868	0,46	3,87	0,88	0,46
1869	0,44	3,80	0,76	0,26
1870	0,61	3,96	0,77	0,27
1871	0,79	4,26	0,98	0,26
1872	0,66	4,49	1,29	0,43
1873	0,86	4,75	1,66	0,57
1874	1,17	5,09	1,74	1,00
1875	1,27	4,65	1,37	0,38
1876	1,28	4,22	1,45	0,78
1877/78	1,22	3,82	1,19	0,30
1878/79	1,17	3,60	0,93	0,50
1879/80	0,89	3,57	0,89	0,29

[46] Selbstkosten und Überschüsse nach Best. 564, Nr. 141, p. 203 ff. Preise zusammengestellt nach Best. 564, Nr. 600 – 603 und umgerechnet in Mark/Tonne. Zu den „Generalkosten" gehörten u.a. die Beamtenbesoldungen, Verwaltungsausgaben, Steuern und Abgaben, Aufwendungen für Grundentschädigungen und Landerwerb sowie die Zuschüsse zur Knappschaftskasse.

Jahr	Summe der Selbstkosten pro Tonne	Preise M/to	Überschüsse M
1862	5,16	6,08	273 258[47]
1863	4,79	—	329 920
1864	5,29	6,08	310 610
1865	5,47	6,10	332 692
1866	5,94	8,04	1 683 814
1867	5,98	8,02	1 023 959
1868	5,67	8,00	1 064 660
1869	5,26	7,60	1 237 170
1870	5,61	8,30	724 245
1871	6,29	11,20	1 030 483
1872	6,87	14,50	2 122 048
1873	7,84	18,80	5 057 813
1874	9,00	17,60[48]	3 204 138
1875	7,67	11,80	1 502 853
1876	7,73	10,00	680 696
1877/78	6,53	8,80	374 388
1878/79	6,20	8,20	375 857
1879/80	5,60	7,40	528 456

Der relativ geringe Überschuß des Jahres 1862 wird in den Akten mit dem niedrigen Preis begründet, doch in den folgenden drei Jahren stiegen die Überschüsse wieder an, obwohl die Preise niedrig blieben und die Selbstkosten sogar leicht zunahmen, so daß die höheren Überschüsse, die an den Fiskus abgeliefert werden konnten, nur aus der in diesen drei Jahren um etwa 16 % gestiegenen Förderung zu erklären sind.

Die hohen Überschüsse der nächsten Jahre waren die Folge der mit dem wirtschaftlichen Aufschwung einhergehenden steigenden Kohlenpreise, während der Rückgang von 1870 auf den Krieg zurückzuführen ist. Der Gründerboom von 1872/74 brachte dann infolge sprunghaft in die Höhe schnellender Kohlenpreise Überschüsse, wie sie von der Grube Sulzbach-Altenwald niemals wieder erzielt worden sind.

Die dann folgenden Jahre der sog. Gründerkrise bedeuteten für den Steinkohlenbergbau an der Saar offensichtlich nur eine Normalisierung der Lage, eine Rückführung auf die Situation, wie sie vor dem Einsetzen der überhitzten Konjunktur betand. Die exorbitanten Überschüsse der Gründerjahre führten dazu, daß insgesamt während der Zeit von 1862 – 1880 nicht weniger als 21 857 060 M an die Staatskasse abgeführt werden konnten.

Es überrascht natürlich kaum, wenn von der oben wiedergegebenen Tabelle die Tatsache abgelesen werden kann, daß die Betriebslöhne rund 70 – 75 % der Selbstkosten aus-

---

47 Ziffer korrigiert nach LAS Best. 564, Nr. 141, p. 98.
48 Am 1. März; am 1. Mai: 14,80 M, am 1. Juni: 12,80 M.

machten, denn der Steinkohlenbergbau war immer lohnintensiv, und er ist es bis heute geblieben, wenngleich im Zuge der Mechanisierung des Abbaus nicht mehr in dem Ausmaß, wie in der Vergangenheit. Gleichwohl hatte auch damals schon der Betrieb einer Grube ein nicht unbeträchtliches Anlagekapital erfordert, wie nachstehende Zahlen für Sulzbach-Altenwald deutlich machen:

Anlagekapital[49]
(jeweils am Ende des Jahres)

Jahr:	Mark		Jahr:	Mark
1861	425 525		1869	1 347 384
1862	464 424		1870	1 579 152
1863	486 453		1871	1 694 043
1864	494 385		1872	1 926 471
1865	530 751		1873	2 187 012
1866	762 090		1874	2 765 049
1867	1 054 707		1875	2 969 063
1868	1 217 187		1876	3 473 681

Auch das zweite Dezennium des Bestehens der Grube war für den preußischen Bergfiskus kein schlechtes Geschäft, denn er kassierte insgesamt, wie oben erwähnt, 21,8 Mill. M an Überschüssen allein von der Grube Sulzbach-Altenwald, während heute die Gruben für den Staatseigentümer eher eine Belastung darstellen.

3. Die Belegschaft

Bei einer derartigen Zunahme der Belegschaft, wie sie die oben wiedergegebene Tabelle zeigt, mußte das Einzugsgebiet für die Arbeitskräfte der Grube naturgemäß immer größer werden, denn in Sulzbach selbst wohnten im Jahre 1875 nur 921 Bergleute, die aber zusammen mit ihren Familien immerhin 45 % der Bevölkerung ausmachten.[50] Das bedeutete aber, daß damals rund ⅔ der auf Sulzbach-Altenwald arbeitenden Bergleute in Privatquartieren oder Schlafhäusern unter nicht eben glänzenden Bedingungen untergebracht werden mußten. Diese Pendler kamen nach einer Aufstellung von 1877[51] aus 153 Orten, nach einer Tabelle bei P. Maus, die jedoch nur jene Orte erfaßt, in denen mehr als 20 Bergleute wohnten, waren es 33 Gemeinden, von denen die entferntesten im Landkreis Trier lagen.

Wie früher dargelegt, verdienten die Bergleute in dem hier betrachteten Zeitraum im Durchschnitt 3,20 M pro Schicht, das waren rund 80,– M im Monat. Die untersten Grubenbeamten, wie Fahrhauer, Grubenwächter, Wegewärter, Schlafhausmeister verdienten

---

49 LAS, Best. 564, Nr. 1269, p. 382, 440 f., 565 ff. Die Daten sind leider nicht vollständig überliefert.
50 4 038 von 8 993 Personen. Vgl. Peter M a u s : Entwicklung der Bergmannsverhältnisse der Grube Sulzbach. In: Saarbrücker Bergmannskalender 1940, S. 76.
51 Der Bergmannsfreund 20, 1879, S. 86.

auch nicht mehr, die Steiger lagen mit ihrem Gehalt von 95 – 115 Mark nur wenig darüber; die Fahrsteiger verdienten 135 Mark, die Obersteiger, Maschinenwerkmeister und Bauwerkmeister zwischen 165 – 195 Mark monatlich, was nach heutigen Begriffen etwa dem Gehalt eines Regierungsrats entsprach.[52]

Die Schichtlöhne waren während der Boomjahre von 1871 – 74 zwar von 3,25 M auf 3,65 M, also um 12,5 % geklettert, dann aber bis 1880 auf 3,04 M zurückgefallen. Es ist nun wichtig und interessant zu beobachten, daß die Lebensmittelpreise sich nicht parallel dazu entwickelten:

Jahresdurchschnittspreise von Lebensmitteln in Saarbrücken und St. Johann für 1 kg[53]

Jahr:	Weizenmehl M	Roggenmehl M	Rindfleisch M	Schweinefleisch M	Geräuch. Speck M	Butter M	Schweineschmalz M
1862	0,39	0,24	0,80	1,00	1,60	1,60	1,60
1863	0,35	0,20	0,80	1,00	1,60	1,90	1,60
1864	0,34	0,20	0,80	0,90	1,50	2,00	1,60
1865	0,35	0,20	0,80	0,90	1,50	2,20	1,60
1866	0,42	0,24	0,80	0,90	1,50	1,80	1,60
1867	0,54	0,34	1,00	1,00	1,50	1,90	1,60
1868	0,42	0,37	1,00	1,20	1,60	2,30	1,60
1869	0,42	0,35	1,00	1,20	1,60	2,10	1,60
1870	0,50	0,38	1,20	1,40	2,00	2,36	2,00
1871	0,44	0,31	1,20	1,30	1,80	2,22	1,60
1872	0,50	0,40	—	1,40	1,66	2,62	1,80
1873	0,60	—	—	1,40	1,60	2,60	1,70
1874	0,52	0,40	1,08	1,28	2,00	2,68	2,00
1875	0,56	0,40	1,20	1,26	1,96	2,36	1,90
1876	0,53	0,39	1,14	1,40	1,99	2,61	2,00
1877	0,56	0,41	1,31	1,46	2,00	2,70	1,99
1878	0,55	0,39	1,33	1,38	1,97	2,39	1,97
1879	0,56	0,40	1,18	1,23	1,85	2,40	1,95
1880	0,54	0,43	1,17	1,34	1,88	2,39	1,99

Wie die Tabelle zeigt, wiesen die Nahrungsmittelpreise während dieser Zeit zwar insgesamt eine steigende Tendenz auf, jedoch der Boom der Jahre 1871 – 74 schlug sich nicht in allen Preisen nieder: der Preis für Roggenmehl, der wichtigste Preis, blieb stabil, die Fleischpreise gaben eher nach, so daß der Bergmann in diesen Jahren einen Reallohngewinn verbuchen konnte, der allerdings nur vorübergehend war, denn insgesamt nahm

---

[52] LAS, Best. 564, Nr. 1832, p. 291. Die Daten gelten für das Jahr 1872.
[53] Nach E. M ü l l e r : Die Entwicklung der Arbeiterverhältnisse auf den staatlichen Steinkohlenbergwerken vom Jahre 1816 bis zum Jahre 1903 (Der Steinkohlenbergbau des Preuß. Staates in der Umgebung von Saarbrücken, Teil VI), Berlin 1904, S. 158.

sein Einkommen in diesen 20 Jahren nur um 5,7 % zu, die Lebensmittelpreise aber kletterten um 17 – 50 %, beim Roggenmehl sogar um 80 %.

Es fällt dabei auf, daß das Mehl im Verhältnis zum Fleisch relativ teuer, oder umgekehrt das Fleisch relativ billiger war als heute. Das liegt einfach daran, daß die Menschen bei niedrigem Einkommen auf die pro Nährwerteinheit billigeren pflanzlichen Nahrungsmittel zurückgreifen müssen, die Nachfrage nach diesen demnach relativ größer sein muß als diejenige nach tierischen Erzeugnissen. Und niedrig waren die Einkommen der Bergleute: sie konnten sich im Jahre 1880 für ihren Schichtlohn kaufen:

6 kg Mehl oder knapp 3 kg Rindfleisch oder 1,5 kg Butter;

heute kann ein Saarbergmann für seinen Schichtlohn[54] 100 kg Mehl oder 10 kg Rindfleisch oder 14 kg Butter sich leisten.

Doch derartige Vergleiche besagen im Grunde genommen wenig, denn daß in den vergangenen 100 Jahren infolge von Industrialisierung, Mechanisierung und Automation die Arbeitsproduktivität enorm zugenommen hat, die Masseneinkommen infolgedessen ebenso gewaltig gestiegen sind, der Lebensstandard ein entsprechend hohes Niveau hat, ohne daß die Menschen deswegen glücklicher geworden wären, ist ja eine Binsenweisheit. Vor allem aber sagen solche Vergleiche nichts darüber aus, ob die Menschen damals mit ihrer wirtschaftlichen Lage zufrieden zu sein Ursache hatten, und ob sie es waren. So niedrig die Löhne der Bergleute für den heutigen Betrachter sich auch darstellen mögen, verglichen mit dem Einkommen anderer Arbeiter, insbesondere denen in der Landwirtschaft, hatte der Bergmann ein gutes Einkommen, andernfalls hätten die Gruben ihr Arbeitskräfteproblem kaum zu lösen vermocht.

Das zeigt sich nicht zuletzt darin, daß die Bergleute von ihrem Lohn etwas erübrigen konnten: der Versuch, eine „bergmännische Sparkasse" zu gründen, erwies sich zwar als ein Schlag ins Wasser,[55] doch die 1858 ins Leben gerufene Saarbrücker Kreissparkasse zählte nicht wenige Bergleute zu ihren Deponenten.[56] Die noch zu besprechenden Vorschußvereine sowie der Bau von Prämienhäusern sind ein weiteres Indiz für die Sparfähigkeit der Bergleute; außerdem blieb immer noch etwas Geld übrig, um es, zum Leidwesen der Bergwerksdirektion, ins Wirtshaus zu tragen.

Wie schon früher erwähnt, waren es häufig Bergleute, die nebenher eine Gastwirtschaft betrieben, was von der Bergwerksdirektion höchst ungern gesehen wurde. Nach Auffassung des Landrats von Ottweiler stand aber zu befürchten,[57] daß dieser Brauch noch zunehmen werde, wenn die neue, liberale Gewerbeordnung des Norddeutschen Bundes in Kraft sein würde. Er forderte die Bergwerksdirektion auf zu erwägen, ob man nicht alle Bergleute, die eine Schankkonzession beantragen, ablegen sollte, denn mit der Zahl der Kneipen würden auch die Saufereien und Schlägereien zunehmen, und damit sei es schon jetzt schlimm genug bestellt.

---

[54] Er lag 1984 im Jahresdurchschnitt bei 142,– DM für Arbeiter unter Tage.
[55] E. K l e i n : Die bergmännische Sparkasse an der Saar (1835 – 1867). In: Bankhistorisches Archiv, 2. Jg., 1976, S. 1 ff.
[56] Paul T h o m e s : Die Kreissparkasse Saarbrücken, Frankfurt 1985, insbesondere S. 116 ff.
[57] Landrat an Bergwerksdirektion, 20. August 1869: LAS, Best. 564, Nr. 2343, p. 377 ff.

Die Bergwerksdirektion erließ daraufhin am 13. September 1869 eine Bekanntmachung,[58] daß „kein aktiver Bergmann eine Schankwirtschaft betreiben darf"; alle, die bereits eine Konzession besäßen, sollten binnen 6 Monaten gegenüber der Bergwerksdirektion erklären, ob sie die Konzession aufzugeben bereit wären, andernfalls werde man sie ablegen und aus der Knappschaftsrolle streichen. Die betroffenen Bergleute nahmen diese Verfügung jedoch nicht einfach hin, sondern 38 Dudweiler Kumpel erhoben am 10. Oktober 1869 zunächst Einspruch bei der Bergwerksdirektion, und sie beschwerten sich anschließend nach deren ablehnenden Bescheid beim Oberbergamt, das am 11. November die Bergwerksdirektion zur Stellungnahme aufforderte.[59]

Diese erwiderte in einem ausführlichen Bericht,[60] daß ihre Verfügung weder dem Berggesetz noch der neuen Gewerbeordnung widerspreche, wie die protestierenden Bergleute behaupteten, denn es stehe jedem Bergwerksbesitzer frei, die Bedingungen vorzuschreiben, unter denen er Leute beschäftigen wolle. Die strittige Verordnung sei vor allem durch „Gründe der Sittlichkeit" motiviert, denn obwohl „alle Schlägereien und sonstigen Exzesse der Bergleute mit den strengsten Disziplinarstrafen" geahndet würden, kämen sie doch noch so häufig vor, daß „die Rauflust der Bergleute hier fast sprichwörtlich geworden" sei.

Zum Beweise dessen führte die Bergwerksdirektion an, daß im 2. und 3. Quartal des laufenden Jahres 83, im Oktober allein 48 Bergleute wegen „vorsätzlicher Mißhandlung und Körperverletzung" sowie Widersetzlichkeit gegen die Staatsgewalt gerichtlich verurteilt worden seien. Da nun die meisten dieser Exzesse in mehr oder weniger trunkenem Zustand vorkämen, habe es die Bergwerksdirektion für ihre Pflicht gehalten, dem Einhalt zu gebieten. Man sei indessen durchaus bereit, bei der Durchführung der Verordnung in besonderen Härtefällen Ausnahmen zuzulassen.

Das Oberbergamt trat jedoch der Meinung der Bergwerksdirektion nicht bei, sondern war der Auffassung, daß die Verordnung 1. keine rückwirkende Kraft haben könne, und 2. keine Ausnahmen zulassen dürfe. Bergleute aber, die schon eine Konzession besitzen, und in deren Gasthaus häufig Schlägereien und Sauferein stattfinden, sollten zur Aufgabe ihrer Wirtschaft aufgefordert, und im Weigerungsfalle abgelegt werden können. In diesem Sinne beschied das Oberbergamt am 8. Dezember 1869 auch die Beschwerdeführer,[61] die sich jedoch keineswegs damit zufrieden gaben, sondern sich am 23. Dezember an die nächst höhere Instanz, den Handelsminister, wandten. Nachdem dieser die ihm untergebenen Behörden angehört, die ihre früheren Standpunkte noch einmal vorgetragen hatten, entschied er am 15. Februar 1870 für die Petenten und gegen Bergwerksdirektion und Oberbergamt.[62]

Es sei weder zweckmäßig noch ratsam, den Bergleuten generell den Betrieb einer Gastwirtschaft zu untersagen, statt „nach Lage des konkreten Falles" zu entscheiden. Die einzelnen Berginspektionen haben zu erwägen, „ob im einzelnen Falle die aus dem Betrieb

[58] ebenda, p. 379 f, 385.
[59] ebenda, p. 389 ff.
[60] ebenda, p. 411 ff.
[61] ebenda, p. 465 ff.
[62] ebenda, p. 559 f.

einer Schankwirtschaft durch einen Bergmann erwachsenden Nachteile für die bergmännische Bevölkerung oder den Grubenbetrieb derart erheblich sind, daß der betreffende Bergmann zur Aufgabe des Wirtschaftsbetriebes aufzufordern und im Weigerungsfalle aus der Grubenarbeit zu entlassen ist". Der auf solche Weise Entlassene dürfe aber nicht seiner Mitgliedschaft in der Knappschaft und der damit wohl erworbenen Rechte verlustig gehen, also nicht, wie die Bergwerksdirektion beabsichtigte, in der Knappschaftsrolle gelöscht werden.

Der Bergwerksdirektion blieb daraufhin nichts weiter übrig, als ihre Verordnung aufzuheben, was am 22. Februar 1870 auch geschah. Der Vorfall ist deshalb etwas ausführlicher gewürdigt worden, weil er zum einen die rauhen Sitten charakterisiert, die damals unter den Bergleuten nicht selten anzutreffen waren, zum anderen aber auch ein bezeichnendes Licht wirft auf die korrekte Arbeitsweise der viel gescholtenen preußischen Bürokratie, welcher der Untertan angeblich rechtlos ausgeliefert war.

a) die Schlafhäuser

Die Schlafhäuser waren, wie schon gesagt, eine zwar notwendige, doch nicht eben ideale, und bei den Betroffenen wenig beliebte Einrichtung, nicht nur wegen der strengen Disziplin, welcher die Bergleute dort unterworfen waren, sondern auch weil die Häuser selbst nach damaligem Standard in hygienischer Hinsicht zu wünschen übrig ließen, so daß der Sulzbacher Knappschaftsarzt Dr. Langgut sich veranlaßt sah, die Bergwerksdirektion auf diese nach seiner Ansicht untragbaren Verhältnisse aufmerksam zu machen.[63]

Das Sulzbacher Schlafhaus genüge „in keiner Weise den Anforderungen, welche man stellen muß, wenn man die darin lebenden Bergleute gesund erhalten", oder wenn sie sich darin gar wohlfühlen sollen. Die Zimmer seien, insbesondere im oberen Stockwerk mit 7 Fuß (= 2,10 m), aber auch im unteren mit 9 Fuß viel zu niedrig und „zu stark belegt, so daß selbst im Sommer, wo eine ergiebige Ventilation durch das Öffnen der Fenster statthaben kann, immer noch eine zu einem gesunden Blutleben unzureichende Menge atembarer Luft im Zimmer vorhanden ist". Die Räume müßten nach seiner Ansicht wenigstens 10 – 11 Fuß hoch sein .

Die Lüftung erfolge nur durch das Öffnen der Fenster, so daß bei schlechtem Wetter und im Winter „so gut wie keine Lüftung stattfindet". Dies sei umso nachteiliger, als die Bergleute auf ihren Zimmern äßen und sich ihre Nahrung zubereiteten, worunter naturgemäß die Reinlichkeit leide, und ihre „mit Grubendämpfen imprägnierten Kleider" darin aufhängen. Bedenke man ferner, „welche Dünste" bei der üblichen Nahrungsweise – Brot mit Zwiebeln und geschmorte Kartoffeln– „von 16 Mann auf einem relativ kleinen Zimmer aus den natürlichen Öffnungen entströmen", dann sei unschwer einzusehen, daß hier „ein gesunder Schlaf und Aufenthalt unmöglich ist".

Die Hauptküche sei „finster und klein", deshalb habe man eine zweite eingerichtet, die sich aber gegenüber dem Abtritt befinde, so daß von dort „die Abtrittsdünste unmittelbar

---

[63] Bericht vom 7. Oktober 1865: LAS, Best. 564, Nr. 1207, p. 85 ff.

in die Küche" zögen, was nicht nut unappetitlich sei, sondern auch gegen sanitätspolizeiliche Vorschriften verstoße. Wasser existiere im Haus überhaupt nicht, der im Haus befindliche Brunnen sei versiegt, das Wasser müsse herbeigetragen oder gefahren werden, und endlich sei das Sulzbacher Schlafhaus „von Flöhen und Wanzen noch mehr übervölkert als mit Bergleuten, so daß Bergleute aus diesem Haus aussehen, als ob sie Hautausschläge hätten".

Der Arzt empfahl, das Sulzbacher Schlafhaus abzureißen, denn die etwa durch bauliche Veränderungen zu erzielenden Resultate stünden in keinem Verhältnis zu den Kosten, so daß am Ende ein Neubau besser und billiger wäre. Die Altenwalder Schlafhäuser hingegen erhielten von ihm bessere Zensuren: es herrsche dort Reinlichkeit, und es gebe auch keine „peinigenden Insekten"; die Zimmer seien größer als in Sulzbach und nicht so überbelegt, obgleich zwölf Mann in einem Schlafraum immer noch zuviel seien, 8 wären vollauf genug.

Das Essen und Zubereiten von Speisen auf den Zimmern sei in Altenwald zwar verboten, doch die Kleider „mit dem bekannten Grubengeruch" hängen auch dort in den Zimmern, deren Belüftung ebenfalls allein durch das Öffnen der Fenster geschehe, auch genüge die Abtrittsanlage nicht den Forderungen der Hygiene; aber immerhin befand der Arzt das Wasser in den Altenwalder Schlafhäusern als „ausreichend und gut". Gleichwohl dürfte es auch in Altenwald ein Vergnügen nicht gewesen sein, in den dortigen Schlafhäusern zu logieren.

Dennoch waren die Schlafhäuser 1864 „vollständig belegt",[64] und auch in den folgenden Jahren war der Andrang so groß, daß der Bau eines weiteren Schlafhauses in Altenwald in Aussicht genommen werden mußte: es wurde 1866 begonnen und 1868 fertiggestellt. Insgesamt waren in Schlafhäusern untergebracht:

> 1862: in 4 Schlafhäusern 541 Mann
> 1863: in 4 Schlafhäusern 539 Mann
> 1868: in 5 Schlafhäusern 868 Mann
> 1870: in 5 Schlafhäusern 640 Mann
> 1871: in 5 Schlafhäusern 785 Mann
> 1872: in 5 Schlafhäusern 863 Mann
> 1873: in 5 Schlafhäusern 864 Mann
> 1874: in 5 Schlafhäusern 863 Mann
> 1878: in 5 Schlafhäusern 874 Mann
> 1879: in 5 Schlafhäusern 837 Mann
> 1880: in 5 Schlafhäusern 794 Mann

Demnach war immer etwa ein Drittel der Belegschaft genötigt, in den Schlafhäusern Unterschlupf zu suchen, der beschriebenen mißlichen Verhältnisse ungeachtet. Doch darf man dabei nicht vergessen, daß die Wohnverhältnisse damals auch sonst nicht gerade glänzend waren, jedenfalls mit modernen Maßstäben nicht gemessen werden dürfen.

---

[64] LAS, Best. 564, Nr. 141, p. 103.

b) das Ansiedlungswesen

In der Kolonie Seitersgräben wurden 1862 weitere 14 Bergmannshäuser gebaut, für die der Bergfiskus 3 340 Taler oder rund 235 Taler für jedes Haus an Bauprämien zahlte, während aus der Knappschaftskasse 7 410 Taler oder 530 Taler pro Haus an Darlehen gewährt wurden. Auch im darauf folgenden Jahr dehnte sich die Kolonie um weiter 18 Häuser aus, deren Bau mit 3 420 Talern an Prämien und 7 200 Talern an Darlehen gefördert worden war,[65] doch im Jahre 1864 konnten nur noch 4 Häuser errichtet werden, weil in Seitersgräben keine Bauplätze mehr zur Verfügung standen.

Deswegen erwarb die Bergwerksdirektion 1864 von der Forstverwaltung bei Friedrichsthal ein Fläche von 35 Morgen, die etwa 60 – 70 Bauplätze hergab.[66] Für diese neue Kolonie Friedrichsthal meldeten sich sofort 68 Bauwillige, so daß die Bauplätze verlost werden mußten: 10 Bergleute erhielten Parzellen unter der Bedingung, 30 Taler an die Schichtmeisterkasse zu zahlen und noch im selben Jahr (1865) mit dem Bau zu beginnen.[67] Da indessen abzusehen war, daß die hier zur Verfügung stehenden Bauplätze bald vergeben sein würden, ging die Bergwerksdirektion schon 1865 daran, in Verhandlungen mit der Regierung in Trier und den Forstbehörden weiteres Terrain in der Nähe der Kolonie Seitersgräben zu erwerben; die dort entstehende neue Kolonie erhielt den Namen „Hühnerfeld".[68]

Schon für 1866 hatten sich von der Grube Altenwald 105 Bauwillige gemeldet, von der Grube Sulzbach 9; dazu kamen noch 2 Bergleute aus Friedrichsthal und einer aus Dudweiler. Diese 117 Antragsteller verfügten teilweise über beträchtliche Vermögen:[69]

1 über 1 000 Taler	12 über 200 Taler
1 über 800 Taler	3 über 150 Taler
3 über 600 Taler	7 über 100 Taler
2 über 500 Taler	2 über 60 Taler
8 über 400 Taler	5 über 50 Taler
7 über 300 Taler	2 über 30 Taler

Um die Ansiedlung auch außerhalb dieser Kolonien zu erleichtern, bildete man sog. Baurayons, in denen den Bauwilligen ebenfalls unverzinsliche Vorschüsse bis zu 400 Talern und Bauprämien bis zu 300 Talern gewährt wurden. Infolge dieser Vergünstigung bauten sich in der Gemeinde Sulzbach 1866: 31 Bergleute an, denen Prämien und zinsfreie Vorschüsse von insgesamt 12 400 Talern bewilligt wurden.[70]

Da die Bauplätze für die Anlage von Haus und Garten knapp bemessen waren, wurde den Bergleuten die Möglichkeit geboten, noch Land hinzuzupachten: man parzellierte zu diesem Zwecke ein 140 Morgen großes Terrain bei der Kolonie Seitersgräben, doch die Beteiligung an dieser Landverpachtung blieb gering, ohne daß die Ursache dafür in den

---

[65] ebenda, p. 99, 101.
[66] LAS, Best. 564, Nr. 1199, p. 481 ff.
[67] LAS, Best. 564, Nr. 141, p. 105.
[68] Zur Anlage der Kolonie Hühnerfeld: LAS, Best. 564, Nr. 728.
[69] ebenda, p. 50.
[70] LAS, Best. 564, Nr. 141, p. 109.

Akten genannt wäre. Vielleicht war für die meisten Bergleute eine weitere, wenn auch geringe finanzielle Belastung eben doch nicht mehr tragbar.

Der Bau von Prämienhäusern ging in den nächsten Jahren schwunghaft weiter, vor allem in den Jahren der Hochkonjunktur mit ihren hohen Löhnen, wie folgende Daten zeigen:

Jahr:	Zahl der Häuser	Prämien Tlr	Vorschüsse Tlr
1868	6	1 800	2 400
1870	24	7 105	9 600
1871	16	4 800	keine Angaben
1872	44	13 180	keine Angaben
1873	30	keine Angaben	keine Angaben
1874	37	keine Angaben	keine Angaben

Während der Krisenjahre nahm die Bautätigkeit dann deutlich ab: 1875 wurden in der Kolonie Hühnerfeld nur noch 17, 1876: 9 Prämienhäuser gebaut.[71] Im Rechnungsjahr 1877/78 ruhte der Hausbau offenbar gänzlich, und in den nächsten beiden Jahren wurden nur 2 bzw. 4 Prämienhäuser gebaut.

c) der bergmännische Konsumverein

Die Gründung des Sulzbacher Konsumvereins vom Jahre 1867 sowie der Vereine auf den anderen Saargruben hat eine lange Vorgeschichte, über die zum besseren Verständnis, wiewohl nur sehr knapp und skizzenhaft, einleitend referiert werden muß. Schon bald nach Übernahme der Saargruben durch den preußischen Staat regte das Bonner Oberbergamt an, „Arbeiter-Fruchtmagazine" anzulegen, aus denen die Bergleute mit billigem Getreide versorgt werden sollten, um auch in Zeiten der Teuerung dem Bergmann „Sicherheit gegen Mangel und den Trost zu gewähren, den Unterhalt für sich und seine Familie jederzeit mit seinem mäßigen Verdienst bestreiten zu können".[72]

Zur Errichtung derartiger Magazine kam es zwar nicht, weil das für den Fiskus zu teuer geworden wäre, wohl aber ging die Bergverwaltung dazu über, mit Bäckern und Mühlen Lieferungsverträge abzuschließen, die es erlaubten, die Belegschaft zu mäßigen, und vor allem stabilen, Preisen mit Brot und Mehl zu versorgen. Die Bergleute machten von dieser Möglichkeit freilich nicht in dem Umfang Gebrauch, wie man erwarten sollte, vermutlich deswegen nicht, weil die Grubenverwaltung Barzahlung verlangte, während der Bäcker oder Krämer an der Ecke anschrieb.

Dieses Brot- und Mehlgeschäft zugunsten der Bergleute lief Jahrzehnte lang reibungslos und unangefochten, bis im Jahre 1867 zwei Saarbrücker Kaufleute für Verluste bei diesem Geschäft von der Bergwerksdirektion entschädigt werden wollten und sich, nachdem sie

---

[71] LAS, Best. 564, Nr. 1574, p. 111 ff.
[72] Oberbergamt an Bergamt Saarbrücken, 4. März 1817: LAS, Best. 564, Nr. 1203, p. 1 ff.

abgewiesen worden waren, beschwerdeführend an den Handelsminister wandten. Dieser erkannte die Ansprüche der beiden Kaufleute zwar ebenfalls nicht an, wies aber gleichzeitig per Reskript vom 20. April 1867[73] das Oberbergamt dauf hin, daß es nicht statthaft sei, solche Lieferungsgeschäfte im Namen des Fiskus zu tätigen, sie dann aber nicht im Rahmen der Ökonomiepläne ordnungsgemäß abzurechnen, sondern über einen Sonderfonds abzuwickeln. Es sei vielmehr zu empfehlen, das ganze Geschäft dem Knappschaftsvorstand zu überlassen.

Dieser lehnte jedoch das Ansinnen mit der Begründung ab, daß „durch die stete Ausdehnnung der Grubenbetriebe" auch die Geschäfte der Knappschaft sich erweitert hätten, und man sich nicht mit einer Sache belasten könne, „welche außerhalb des näheren Zwecks und Aufgaben" der Knappschaft lägen.[74] Daraufhin entschloß sich die Bergwerksdirektion, auf allen größeren Gruben die Gründung von Konsumvereinen zu veranlassen, die dann für die Versorgung der Bergleute mit preiswerten Nahrungsmitteln Sorge zu tragen hätten.

In einem Rundschreiben an alle Berginspektionen vom 31. August 1867[75] erklärte die Bergwerksdirektion, daß die Verwaltung der zu gründenden Konsumvereine zwar prinzipiell unabhängig sein müsse, doch da diese „immer in naher Beziehung zur Grubenverwaltung" stehen würde, es überdies notwendig sein werde, die Grubenbeamten zur Verwaltung der Konsumvereine heranzuziehen, wie überhaupt diesen mit Rat und Tat zur Seite zu stehen, fordere sie „die Herren Berginspektoren auf, die Leitung und Förderung der ganzen Angelegenheit in die Hand zu nehmen".

Zunächst einmal seien die Bergleute von der ministeriellen Weisung in Kenntnis zu setzen, dann müßte ihnen die Zweckmäßigkeit und Nützlichkeit von Konsumvereinen klar gemacht werden, endlich wären Statuten zu entwerfen und die nötigen Versammlungen zur Beratung und Annahme derselben anzuberaumen. Hinsichtlich des Inhalts der Statuten könne und wolle man keine für alle bindenden Vorschriften erlassen, jedoch einige wichtige Gesichtspunkte der Erwägung und Berücksichtigung empfehlen:

1. Der Zweck der Vereine sollte ausschließlich die Beschaffung preiswerter Lebensmittel sein, jedoch nicht, Gewinne zu erzielen.

2. Die Mitgliedschaft sollte nicht auf Bergarbeiter beschränkt werden, weil ja eine möglichst große Teilnehmerzahl angestrebt werden müsse, und die Teilnehmer aus praktischen Gründen tunlichst nahe beieinander wohnen sollten. Der Ausschluß von Nicht-Bergleuten sei daher nicht zu empfehlen.

3. Verkäufe sollten nur gegen Barzahlung erfolgen.

4. Wenn die Vereine, wie jedenfalls zu empfehlen, als Genossenschaften gebildet werden, dann sollten die zwingenden Bestimmungen des Genossenschaftsgesetzes vom 27. März 1867 in die Statuten übernommen werden.

---

73 ebenda, p. 283 ff.
74 ebenda, p. 297.
75 LAS, Best. 564, Nr. 780, p. 103 ff.

5. sei es wünschenswert, die Statuten der Vereine auf den einzelnen Gruben übereinstimmend abzufassen. Ferner wäre es zweckmäßig, wenn die Vorsitzenden untereinander ständigen Kontakt hielten, um sich über günstige Bezugsquellen zu informieren oder auch gegebenenfalls gemeinschaftlich einzukaufen.

Die Inspektionen sollten bis zum 1. Dezember, also binnen 3 Monaten berichten.

Der Minister genehmigte am 19. September 1867[76] das Vorgehen der Bergwerksdirektion, war auch damit einverstanden, „daß die Werksbeamten bei Bildung der Vereine den Bergleuten ratend zur Seite stehen", verlangte aber „durch Vorlegung der Statuten und der jährlichen Rechnungs- und Geschäftsresultate in fortlaufender Kenntnis erhalten zu werden", wodurch der Handelsminister Graf von Itzenplitz zugleich dafür sorgte, daß uns diese Daten überliefert sind.

Für Sulzbach meldete der Chef der Berginspektion V, Bergwerksdirektor Pfaehler, am 27. Dezember 1867 der Bergwerksdirektion, daß sich am 9. Dezember dort ein Konsumverein als eingetragene Genossenschaft konstituiert habe, welcher beizutreten jedermann offen stehe. Dem Vorstand gehörten an:

> der Glashüttenbesitzer Eduard Vopelius als Direktor,
>
> der Fabrikant Carl Till als stellvertretender Direktor,
>
> der Obersteiger Friedrich Altpeter aus Dudweiler als Beisitzer,
>
> der Grubensteiger August Gödicke zu Altenwald als Beisitzer, und
>
> der Lehrer Christian Roos zu Sulzbach als Beisitzer und Kassierer.[77]

Vopelius schied zwei Jahre später aus dem Vorstand aus, wurde dafür aber stellvertretender Vorsitzender des Verwaltungsrates, dem Bergrat Pfaehler präsidierte.

Nach dem Statut[78] bestand der Zweck des Vereins darin, „Gegenstände aller Art für den Haushaltungsbedarf, vorzugsweise Lebensmittel von guter und unverfälschter Qualität an seine Mitglieder zu möglichst billigen Preisen gegen Barzahlung zu verkaufen, und aus dem dabei etwa erzielten Gewinn Kapital zu sammeln", was den oben zitierten Weisungen der Bergwerksdirektion widersprach. Um Mitglied zu werden, genügte es nicht, eine entsprechende schriftliche Erklärung abzugeben und den statutenmäßigen Geschäftsanteil von 5 Talern einzuzahlen, sondern der Beitragswillige mußte vom Vorstand „angenommen" werden. Damit schuf man sich eine Handhabe, unerwünschte Elemente fernzuhalten.

Über die Verwendung der Überschüsse hatte die Generalversammlung zu befinden, doch schrieb das Statut vor, daß ein Teil derselben, mindestens jedoch 10 %, zur Bildung eines Reservefonds verwendet werden mußte, während das Übrige zur Verteilung an die Mitglieder gelangen sollte, und zwar „nach der Höhe des Wertes der von denselben bezogenen Waren". Die Beschlüsse der Generalversammlung, in welcher jedes Mitglied nur eine,

---

[76] ebenda, p. 109.
[77] ebenda, p. 161, 165.
[78] ebenda, p. 1 ff.

nicht übertragbare Stimme hatte, wurden durch Stimmenmehrheit der Anwesenden gefaßt. Die Generalversammlung entschied in allen Vereinsangelegenheiten, die Führung der Geschäfte war dem 5-köpfigen Vorstand und dem aus 14 Mitgliedern bestehenden Verwaltungsrat überlassen. Das Rechnungsjahr lief jeweils vom 1. Juli – 30. Juni.

Mit dem statutenmäßig vorgeschriebenen Barzahlungskauf wurde indessen außer in Sulzbach nur noch in Friedrichsthal ernst gemacht, alle übrigen bergmännischen Konsumvereine verkauften auf Kredit, um sich den Gewohnheiten der Bergleute wie der Krämer und Höker in den Dörfern anzupassen. Daher wurden, anfangs schon aus Mangel an Geldmitteln, zur Kreditierung die Grubenkassen in Anspruch genommen, zumindest über sie die Geschäfte abgewickelt, zumal die Rendanten der Vereine meist zugleich Kassenbeamte der Gruben gewesen sind.

An dieser Vermengung öffentlicher mit privaten Geschäften hätte sich vielleicht auch nichts geändert, wenn es nicht auf der Grube von der Heydt zur Unterschlagung von Vereinsgeldern gekommen wäre, für deren Ersatz der Fiskus aufkommen sollte und anscheinend – die Akten sind unvollständig überliefert – schließlich auch aufgekommen ist. Die Affäre bildete jedoch den Anlaß dafür, daß der Handelsminister am 19. September 1868 dekretierte,[79] die Beteiligung von Beamten der Grubenkassen an der Verwaltung der Konsumvereine sei auf ein Minimum zu beschränken, sobald wie möglich aber gänzlich einzustellen und das Nötige zu veranlassen, damit das Kreditieren der Waren ab 1. Januar 1870 aufhört und eine selbständige, von den Gruben vollkommen unabhängige Verwaltung der Konsumvereine eingeführt wird.

Solange dies noch nicht zu erreichen sei, sei aber jedenfalls dafür zu sorgen, „daß über alle Einnahmen und Ausgaben der Vereine, welche bei den Grubenkassen vorkommen, getrennte Bücher geführt, für die Aufbewahrung der Vereinsgelder besondere Behälter beschafft, die notwendigen Berechnungen zwischen beiden Kassen in kurzen Zeiträumen erfolgen, auch unter fortwährend genauer Überwachung der Kassen vorschriftsmäßige Revisionen gehalten werden".

In Saarbrücken fügte man sich jedoch nicht ohne weiteres den ministeriellen Weisungen, sondern die Bergwerksdirektion wies in einer Konferenz mit einem Vertreter des Oberbergamtes Anfang Oktober 1868 darauf hin, daß das Prinzip der Barzahlung nur sehr allmählich zu verwirklichen sein werde, auf manchen Gruben aber überhaupt nicht, wolle man nicht die Existenz der Konsumvereine aufs Spiel setzen. Nachdem ein entsprechender Bericht des Oberbergamtes in Berlin auf taube Ohren gestoßen war, wandte sich die Bergwerksdirektion am 21. Mai 1869 noch einmal mit einem ausführlichen, übrigens von Anton Haßlacher konzipierten Bericht an das Oberbergamt in Bonn,[80] worin die Bergwerksdirektion zunächst einmal unterstrich, daß die bis dahin günstige Entwicklung der Konsumvereine „zum bei weitem größten Teile" der Mitwirkung der Grubenbeamten zu verdanken sei.

Das werde auch noch lange so bleiben müssen, denn man werde schwerlich andere geeignete Personen finden, die diese Aufgaben unentgeltlich zu übernehmen bereit sein

---

[79] ebenda, p. 291f.
[80] ebenda, p. 393 ff.

würden. Anders verhalte es sich mit der Kassenverwaltung, die überall dort, wo man die Barzahlung habe einführen können, von den Grubenkassen völlig getrennt sei, und einzelne Vereine hätten bereits eigene Buchhalter, die „überhaupt nicht fiskalische Beamte sind". Freilich sei die Barzahlung bislang nur in Friedrichsthal, Heinitz und Sulzbach durchgeführt; hier habe man zu deren Erleichterung die Einrichtung getroffen, den Bergleuten, die Konsumvereinsmitglieder sind, öftere Abschlagszahlungen auf ihren Lohn zu gewähren, eine Maßnahme, die sich als vollkommen wirkungslos erwies und deshalb sehr bald wieder aufgehoben wurde.

Das Prinzip der Barzahlung durchzusetzen, sei vor allem deshalb ungeheuer schwierig, weil „unter dem weitaus größten Teile unserer hiesigen Bergarbeiterbevölkerung aus Mangel einer ordentlichen wirtschaftlichen Erziehung – namentlich der weiblichen Bevölkerung – jeglicher Sinn und jegliches lebhafte Interesse für das Vereinswesen beinahe völlig" fehle, und solange hierin kein Fortschritt zu erzielen sei, werde „die teilweise Warenkreditierung ein notwendiges Übel der Konsumvereine bleiben. Mehrfache Versuche in Louisenthal und Dudweiler hätten gezeigt, „daß bei strikter Durchführung der Barzahlung die Vereine die größte Gefahr laufen, sofort gänzlich auseinander zu fallen."

In jedem Falle sei es ganz unmöglich, den vom Minister gesetzten Termin (1. Januar 1870) einzuhalten, ohne den Bestand der Vereine zu gefährden und das schon Erreichte in Frage zu stellen. Das Oberbergamt möge daher beim Minister erwirken, daß der Termin auf unbestimmte Zeit hinausgeschoben wird; dies sei umso eher zu vertreten, als bei dem inzwischen üblichen Abrechnungsverfahren eine Schädigung der Grubenkassen nicht mehr möglich sei. Das Oberbergamt lehnte diesen Antrag jedoch am 15. Juni 1869 ab,[81] so daß der Bergwerksdirektion nichts anderes übrig blieb, als sich zu fügen; der gesetzte Termin wurde gleichwohl nicht eingehalten, und der Minister verlängerte die Frist schließlich doch noch um ein Jahr. Am 10. Dezember 1870 aber konnte die Bergwerksdirektion der vorgesetzten Behörde den Vollzug melden.[82]

Ob die Frage der Barzahlung wirklich eine so entscheidende Rolle gespielt hat, wie die Bergwerksdirektion behauptete, ist schwer zu sagen, da von den Bergleuten selbst keine Äußerungen dazu überliefert sind. Jedenfalls aber war ihre Beteiligung an den Konsumvereinen geringer, als man erwarten würde. Im Sulzbacher Verein gab es im ersten Rechnungsjahr 1868/69 nur 196 Mitglieder, das waren nut 7,8 % der Belegschaft von Sulzbach-Altenwald, und in den nächsten drei Jahren war die Mitgliederzahl sogar rückläufig; sie erreichte erst 1872/73 mit 206 wieder das Niveau von 1868, um dann allerdings langsam, aber stetig bis auf 422 im Rechnungsjahr 1878/79 anzuwachsen. Das wären 17,6 % der Belegschaft gewesen, doch muß man bedenken, daß der Sulzbacher Verein nicht nur Bergleuten, sondern jedermann zugänglich war, und daß 1878/79 die Nicht-Bergleute unter den Vereinsmitgliedern derart überwogen, daß der Verein im nächsten Jahre nicht mehr in die Statistik der Bergwerksdirektion aufgenommen wurde, weil er nicht mehr als „bergmännisch" gelten konnte. Der Sulzbacher Verein verfügte übrigens über zwei Verkaufsstellen.

---

[81] ebenda, p. 447 ff.
[82] ebenda, p. 619 f.

Am Anfang war das ganz anders gewesen: unter den 146 Mitgliedern des Jahres 1869/70 befanden sich 71 Bergleute und 38 „Beamte", vermutlich zum größten Teile, wenn nicht ausschließlich Grubenbeamte; dazu kamen 4 Lehrer, 28 Gewerbetreibende u.a., 5 Hüttenarbeiter, so daß etwa 70 % der Mitglieder aus der Grubenbelegschaft stammten.[83] Über die geschäftliche Entwicklung des Sulzbacher Konsumvereins geben nachstehende Daten Auskunft:[84]

Geschäftsjahr	Zahl der Mitglieder	Summe des Verkaufserlöses (M)
1868/69	196	32 436
1869/70	146	30 441
1870/71	145	49 086
1871/72	152	62 214
1872/73	206	91 353
1873/74	265	157 695
1874/75	302	125 475
1875/76	304	116 333
1876/77	331	127 578
1877/78	383	127 243
1878/79	422	121 100

Geschäfts- jahr	Geschäfts- ertrag	Unkosten		Rein- gewinn
		Verwaltungs- kosten	Zinsen auf Guthaben von Mitgliedern	
	M	M	M	M
1868/69	2 973	1 185	—	1 788
1869/70	2 802	1 428	—	1 374
1870/71	5 001	2 616	—	2 385
1871/72	7 050	3 081	—	3 969
1872/73	9 618	3 819	—	5 799
1873/74	19 642	6 870	390	12 387
1874/75	16 029	5 641	356	10 082
1875/76	13 414	5 185	365	7 864
1876/77	16 059	5 553	314	10 192
1877/78	17 383	5 594	229	11 560
1878/79	16 866	5 433	76	11 357

---

[83] ebenda, p. 599 f.
[84] LAS, Best. 564, Nr. 966, p. 37 f., 117 f., 195 f., 303 f., 364 f., 418 f., 462 f.; Nr. 780, p. 494 f., 568 f., 648 f., 702 f., 756 f. bis 1873/74 in Talern angegeben, hier in Mark umgerechnet.

Mit dem Rechnungsjahr 1878/79 bricht die Statistik ab mit der Bemerkung: „Hat aufgehört bergmännischer Konsumverein zu sein", und aus dem nämlichen Grunde gehört seine weitere Entwicklung nicht mehr in eine Geschichte der Grube Sulzbach-Altenwald. Es gehören aber natürlich noch hierher die jährlichen Bilanzen bis 1878/79:

Bilanz am Jahresschluß
Aktiva:

Geschäfts- jahr	Kasse M	Waren- best. M	Kreditierte Waren M	Sonstige Forderungen M	Inventar u. Einrichtung M	Summa M
1868/69	804	2709	—	—	90	3633
1869/70	63	3810	—	—	90	3963
1870/71	411	4224	—	—	—	4635
1871/72	246	8541	—	—	—	8787
1872/73	15	14295	—	—	219	14529
1873/74	5703	15972	48	—	459	22182
1874/75	5654	18738	—	1	458	24851
1875/76	5644	19021	13	—	501	25179
1876/77	10346	15669	—	13	477	26505
1877/78	10180	17693	—	—	459	28332
1878/79	7369	16644	—	1500	605	26118

Passiva:

Geschäfts- jahr	Guthaben u. Gesch. anteile d. Mitglieder M	Reserve- fonds M	Waren- schulden des Vereins M	Noch zu zahlende Geschäfts- anteile und unverteilte Gewinne M	Summa M
1868/69	1170	675	—	1788	3633
1869/70	876	1173	540	1374	3963
1870/71	870	2292	—	1473	4635
1871/72	912	2292	1614	3969	8787
1872/73	3966	2319	2445	5799	14529
1873/74	7488	1893	24	12777	22182
1874/75	9082	5282	99	10388	24851
1875/76	9212	7521	216	8230	25179
1876/77	7910	8084	5	10506	26505
1877/78	7068	9473	2	11789	28332
1878/79	2532	10449	7	13130	26118

Wenngleich nun Mitgliederzahl und Umsätze des Sulzbacher Konsumvereins – und ähnlich auch der anderen Vereine – sich in Grenzen hielten, wurden die Vereine doch vom örtlichen Einzelhandel als „bedeutende Konkurrenz" angesehen, wie es in einer Petition von 14 Einzelhändlern aus Friedrichsthal, Spiesen und Elversberg an den preußischen Handelsminister im Frühjahr 1871 hieß.[85] Zu dieser Zeit hatte der Sulzbacher Verein 145 Mitglieder bei einer Grubenbelegschaft von 2 278 Mann und einer Bevölkerung von etwa 8 000 Seelen oder 1 600 Haushalten, so daß weniger als 10 % der Sulzbacher Haushalte sich über den Konsumverein mit Nahrungsmitteln versorgten. Außerdem setzten die Vereinsmitglieder im Rechnungsjahr 1870/71 nur rund 340,– M pro Kopf im Konsumverein um, das war aber nur etwa ein Drittel ihres verfügbaren Einkommens.

Gleichwohl beschwerten sich die Krämer beim Handelsminister über einen unlauteren Wettbewerb der Vereine, denn deren Vorstände bestünden „durchgängig" aus Grubenbeamten, die ihre Stellung als Vorgesetzte der Bergleute dazu mißbrauchten, sie mit mehr oder weniger Zwang dazu zu veranlassen, ihre Lebensbedürfnisse im Konsumverein zu befriedigen. Dadurch seien sie selber so geschädigt, daß sie kaum noch in der Lage wären, ihren steuerlichen Verpflichtungen nachzukommen, und manche Geschäfte hätten schon schließen müssen. Der Minister möge daher den Grubenbeamten die aktive Mitarbeit in den Konsumvereinen untersagen.

Die Bergwerksdirektion, zur Stellungnahme aufgefordert, berichtete am 15. August 1871 nach Berlin,[86] es sei allerdings richtig, daß die Vereinsvorstände größtenteils aus Grubenbeamten bestehen, aber es sei ebenso richtig, daß die Konsumvereine gerade diesem Umstand ihren Erfolg verdankten; träten sie zurück, würde man damit den Vereinen den Todesstoß versetzen. Denn es würden sich kaum andere Personen finden lassen, die fähig und bereit wären, für einen gemeinnützigen Zweck unentgeltlich Mühe und Verantwortlichkeit auf sich zu nehmen. Dies werde von den Bergleuten auch ganz richtig gesehen, und daher würden die Beamten, die sich keineswegs danach drängten, in vollkommen freien Wahlen von den Konsummitgliedern gewählt.

Daß die Grubenbeamten auf ihre Untergebenen Druck ausübten, müsse, solange das nicht in einem konkreten Fall nachgewiesen werde, als „glatte Lüge" bezeichnet werden. Die Haltlosigkeit dieser Behauptung erweise sich schon aus der geringen Zahl der Konsummitglieder, verglichen mit der Zahl der Belegschaften; würde hier nur der gelindeste Druck ausgeübt, müßten Teilnehmerzahl und Umsätze der Konsumvereine „sich auf das Doppelte, ja, Zehnfache steigern".

Daß solide Kaufleute die Konkurrenz der Vereine nicht zu fürchten hätten, beweise die Tatsache, daß in Friedrichsthal seit Bestehen des dortigen Vereins 4 neue Geschäfte eröffnet worden seien, die alle florierten, und deren Inhaber die Beschwerdeschrift auch nicht unterzeichnet hätten. Unter den Petenten aber befänden sich recht dubiose Persönlichkeiten: der Verfasser der Beschwerdeschrift sei beispielsweise ein ehemaliger Maschinenzögling, der auf mehreren Gruben gewesen, dann aber wegen Unfähigkeit und Nachlässigkeit nicht angestellt worden sei.

---

[85] LAS, Best. 564, Nr. 780, p. 633 ff.
[86] ebenda, p. 629 ff.

Soweit die Konsumvereine auch an Nicht-Mitglieder verkaufen, das sei nur in Sulzbach und Friedrichsthal der Fall, würden sie, im Gegensatz zu der Behauptung der Bittsteller, selbstverständlich auch zur Gewerbesteuer herangezogen. Der Handelsminister Graf von Itzenplitz wies daraufhin am 30. August 1871 die Beschwerde der Einzelhändler als „nach jeder Seite hin unbegründet" zurück.[87] Eine zweite Demarche von 141 Kaufleuten aus den Kreisen Saarbrücken, Ottweiler und Saarlouis 7 Jahre später war ebenso wenig erfolgreich wie die erste.[88]

Als die Bergwerksdirektion am 18. Februar 1881 die Inspektion V aufforderte, den Jahresabschluß pro 1879/80 des Sulzbacher Konsumvereins vorzulegen, antwortete die Inspektion 3 Tage später, daß der Sulzbacher Verein „größtenteils aus Fabrikarbeitern, Tagelöhnern und nur zum geringen Teil aus Bergleuten besteht, so daß er mit Unrecht den Namen eines bergmännischen Vereins führt". Es sei daher angezeigt, von der Vorlage eines Jahresabschlusses abzusehen, zumal es der Inspektion kaum möglich sei, die erforderlichen Daten zu beschaffen, „da kein Beamter der Inspektion bei der Verwaltung und Rechnungslegung des Konsumvereins beteiligt ist".

d) der Vorschußverein

Am 1. Juli 1865 wurde für die Bergleute und Beamten der Grube Sulzbach-Altenwald ein Vorschußverein gegründet,[89] dessen Zweck darin bestand, seinen Mitgliedern Gelegenheit zu geben, „Ersparnisse sicher und vorteilhaft anzulegen und aus Mitteln des Vereins Vorschüsse zu erhalten".[90] Von wem die Initiative ausging, ist den Akten nicht zu entnehmen, jedenfalls aber nicht von der Bergwerksdirektion. Wie schon der Name des Vereins zum Ausdruck brachte, war der Zweck in erster Linie die Gewährung von Personalkrediten an die Bergleute, während das Spargeschäft nur die unerläßliche Voraussetzung für das Kreditgeschäft bildete.

Die Vorschußvereine hatten sofort auf allen Gruben großen Zulauf und waren im Grunde verantwortlich für das Eingehen der seit 1835 existierenden bergmännischen Sparkasse, dies wiederum deswegen, weil bei den Vorschußvereinen leichter Kredit zu haben war als bei der Sparkasse. In Sulzbach zählte der Verein schon im Gründungsjahr immerhin 609 Mitglieder, das Vereinsvermögen belief sich auf 2235 Taler, der Reservefond betrug 305 Taler. Im Jahre 1866 war die Mitgliederzahl auf 658, das Vereinsvermögen auf 4142 Taler angewachsen.

Nach dem Erlaß des „Gesetzes betr. die privatrechtliche Stellung der Erwerbs- und Wirtschaftsgenossenschaften" vom 27. März 1867 wurden die Vorschußvereine in Genossenschaften umgegründet, so auch der Sulzbacher Verein, der sich am 27. Dezember 1867, als eingetragene Genossenschaft konstituierte und ein neues, gemäß dem Genossen-

[87] ebenda, p. 641 f.
[88] LAS, Best. 564, Nr. 966, p. 384 ff.
[89] LAS, Best. 564, Nr. 141, p. 107. Schon 1862 waren derartige Vereine in Neunkirchen und Reden-Merchweiler gegründet worden, 1865 folgten außer in Sulzbach-Altenwald weitere Gründungen auf Gerhard-Prinz-Wilhelm und von der Heydt, 1866 in Friedrichsthal-Quierschied, Kronprinz Friedrich Wilhelm und Dudweiler-Jägersfreude.
[90] LAS, Best. 564, Nr. 1572, p. 14.

schaftsgesetz revidiertes Statut beschloß.[91] Der gesamte Vorstand bestand aus Grubenbeamten: Bergwerksdirektor Pfaehler übernahm den Vorsitz, sein Stellvertreter war der Obersteiger Philipp Enderlein aus Altenwald, Rendant der Oberschichtmeister Philipp Mertens aus Sulzbach, Schriftführer der Inspektions-Sekretär Theodor Olbrich und Beisitzer der Obersteiger Friedrich Altpeter aus Dudweiler.

Jeder Bergmann und Beamte konnte Mitglied werden, er hatte lediglich eine Eintrittsgebühr von einem Taler sowie einen monatlichen Beitrag von 5 Sgr zu entrichten, und zwar so lange, bis die auf diese Weise allmählich akkumulierte Geschäftseinlage mindestens 10 Taler betrug, was also erst nach 5-jähriger Mitgliedschaft der Fall war. Die maximale Geschäftseinlage betrug 100 Taler pro Mitglied, wollte jemand mehr anlegen, blieb es dem Vorstand überlassen zu entscheiden, ob solche Gelder wegen Mangel an Anlagemöglichkeitkeiten zurückgewiesen oder angenommen werden sollten, in diesem Falle aber nicht als Geschäftsanteil, sondern als Spareinlage, deren Zinssatz jeweils am Schluß des Rechnungsjahres von der Generalversammlung festgelegt wurde.

Vorschüsse, deren Maximum im Einzelfall zu Jahresbeginn gemäß dem Stande des Vereinsvermögens die Generalversammlung festsetzte, wurden nur Mitgliedern des Vereins gewährt, jedoch nur dann, wenn diese nicht mit Tilgungsrückständen aus früheren Darlehen belastet waren. War der erbetene Vorschuß höher als die Geschäfts- und Spareinlage des Kreditsuchenden, mußte zur Sicherheit ein Vereinsmitglied Bürgschaft leisten. Die Generalversammlung beschloß je nach Geschäftslage über die Höhe der Schuldzinsen, die vorweg vom Kreditbetrag einbehalten wurden. Die Tilgung erfolgte in monatlichen Raten von mindestens 2½ Talern, wobei der Debitor sich verpflichten mußte, die Tilgungsraten von seinem Lohn oder Gehalt sich in Abzug bringen zu lassen.

Vom Reingewinn sollte ein Teil solange zum Reservefond geschlagen werden, bis dieser mindestens $\frac{1}{10}$ des Mitgliedervermögens ausmachte, der Rest aber an die Mitglieder nach Maßgabe ihrer Geschäftseinlagen verteilt werden. Hatte indessen die Geschäftseinlage eines Mitgliedes noch nicht die Minimalhöhe von 10 Talern erreicht, unterblieb die Auszahlung der Dividende, sie wurde stattdessen dem Geschäftsanteil zugeschlagen. Das gleiche geschah bei Geschäftsanteilen von 10 – 100 Talern, wenn das Mitglied die Auszahlung nicht schriftlich beantragte; nur bei Geschäftsanteilen von mehr als 100 Talern erfolgte ohne weiteres die Auszahlung der Dividende.

Im Jahre 1867 hatte der Sulzbacher Vorschußverein 802 Mitglieder, das Vereinsvermögen belief sich auf 8 200 Taler, im nächsten Jahr war die Mitgliederzahl auf 887, das Vereinsvermögen auf 12 783 Taler angewachsen.[92] In diesem Jahre war den Vorschußvereinen das Restvermögen der aufgelösten bergmännischen Sparkasse in Höhe von 10 920 Mark zugeflossen, das die Vorschußvereine größtenteils ihren Reservefonds zuschrieben.

Insgesamt hatten sich im Rechnungsjahr 1867/68 im ganzen Revier 8 Vorschußvereine mit 10 193 Mitgliedern und einem Vermögen von 382 657 Mark etabliert.[93] Das Ver-

---

[91] ebenda, p. 79 ff.
[92] LAS, Best. 564, Nr. 141, p. 113, 117.
[93] LAS, Best. 564, Nr. 1580, p. 157 f.

mögen nahm in den nächsten beiden Jahren noch zu und erreichte im Rechnungsjahr 1869/70 ein Maximum von 466 682 Mark, doch die Mitgliederzahlen gingen bereits zurück auf 8 999 im Jahre 1868/69 und 7 944 im Jahre 1869/70.

Die Schrumpfung und allmähliche Auflösung der Vorschußvereine war verursacht durch das „Gesetz betr. die Beschlagnahme des Arbeits- oder Dienstlohnes" vom 21. Juni 1869, das Zahlungen per Lohnabzug untersagte. Damit war aber den Spar- und Vorschußvereinen die Geschäftsgrundlage entzogen, denn Sparleistungen zu erbringen, Darlehen zu verzinsen und zu tilgen ohne den, wenngleich selbst auferlegten, gelinden Druck über die Grubenkasse, das war schwer möglich in einer Gesellschaft, die den Überfluß noch nicht kannte, in der es im Gegenteil oft genug am Nötigsten fehlte.

Der Sulzbacher Verein löste sich 1872 auf, es wurden nicht nur alle Einlagen zurückgezahlt, sondern dazu noch 15 % Dividende, woraus ersichtlich, daß der Verein finanziell gesund war, aber aus Mangel an Beteiligung einging. Im Rechnungsjahr 1870/71 hatten die 8 Vorschußvereine des Reviers nur noch 4 685 Mitglieder, ein Jahr später 2 158. Mit Sulzbach lösten sich gleichzeitig drei weitere Vereine auf, so daß 1872/73 noch 4 Vorschußvereine mit 1 411 Mitgliedern existierten, 1874/75 waren es nur noch drei mit 1 117 Mitgliedern. Der Verein auf Dudweiler-Jägersfreude ging 1875 ein, auf von der Heydt erfolgte die Liquidation am 1. Januar 1879, und im November 1880 folgte schließlich der Vorschußverein von Reden-Merchweiler, nachdem dieser während der letzten 4 Jahre Vorschüsse nur noch gegen hypothekarische Sicherheit gewährt hatte.

III. Von der Gründerkrise bis zur Jahrhundertwende

Die beiden letzten Jahrzehnte des vorigen Jahrhunderts waren für den Saarbergbau allgemein, und damit auch für Sulzbach-Altenwald, gekennzeichnet durch eine wenig günstige Konjunktur: Stockung der Nachfrage und, daraus resultierend, niedrige Preise bildeten das Signum der 80-er und frühen 90-er Jahre, die Jahre 1888/89 ausgenommen; erst die letzten 5 Jahre vor der Jahrhundertwende brachten günstige Absatzverhältnisse und entsprechende Betriebsergebnisse.

Betriebsorganisatorische Veränderungen fanden während dieser Zeit nur insofern statt, als die Kreuzgräbenschächte ab 1882 eine selbständige Betriebsabteilung bildeten, die dann im Jahre 1890 von der Inspektion V abgetrennt und mit der Inspektion IX, Friedrichsthal-Quierschied, vereinigt wurde. An die Spitze der Inspektion V trat 1885, als Gustav Pfaehler in den Ruhestand trat, der Berginspektor Karl Seybold[1], der im Saarrevier als Bergassessor und zuletzt als Chef der Grube Gerhard seine Sporen verdient hatte.

Seybold blieb nur 5 Jahre der leitende Beamte der Inspektion V, ihm folgte in dieser Funktion 1890 Gisbert Krümmer[2], der seine Laufbahn als Bergassessor in Dortmund begonnen hatte, anschließend aber fünf Jahre Berginspektor in Zabrze (Oberschlesien) gewesen war. An seine Stelle trat 1899 Franz Liebrecht,[3] der wiederum, wie Seybold, seine Karriere in Saarbrücken begonnen hatte, doch blieb seine Tätigkeit in Sulzbach nur eine Episode von zwei Jahren.

1. Der technische Betrieb

Zu Beginn des hier zu betrachtenden Zeitraumes fand die Förderung in Sulzbach aus der Venitzstollensohle sowie aus den Tiefbausohlen I – III statt, doch wurde hauptsächlich aus der dritten und zweiten Sohle gefördert: erstere lieferte jährlich 76 791 to, letztere 72 284 to, während die erste Sohle nur noch mit 18 020 to an der Förderung beteiligt war, und der Rest von rund 7 000 to aus der Venitzstollensohle kam. In Altenwald dagegen er-

---

[1] Karl Seybold (1855 – 1902) wurde mit der Versetzung nach Sulzbach zum Bergwerksdirektor, 1887 zum Bergrat befördert; er übernahm 1890 die neu gebildete Inspektion XI, Camphausen (Fischbach), und ging 1897 an das Oberbergamt Dortmund, nachdem er 1896 zum Oberbergrat ernannt worden war.

[2] Gisbert Krümmer (1856 – 1922) wurde mit seiner Versetzung nach Sulzbach zum Bergwerksdirektor und Bergrat ernannt. Er ging 1899 als Oberbergrat nach Breslau, wurde 1904 Geh. Oberbergrat und Vorsitzender der Bergwerksdirektion Dortmund, kam 1905 als Vorsitzender der Bergwerksdirektion nach Saarbrücken zurück, wurde 1907 Berghauptmann und Direktor des Oberbergamtes Clausthal, 1911 des Oberbergamtes Bonn und trat 1921 in den Ruhestand, nachdem er 1917 zum Wirkl. Geheimen Oberbergrat befördert worden war.

[3] Franz Liebrecht (geb. 1860) begann 1888 als Bergassessor in Saarbrücken, wurde 1891 Berginspektor zu Friedrichsthal, 1894 Mitglied der Bergwerksdirektion Saarbrücken, 1897 Bergrat, 1899 Bergwerksdirektor in Sulzbach-Altenwald. Er ging 1901 als Hilfsarbeiter an das Handelsministerium in Berlin, wurde dort 1902 Geh. Bergrat und Vortragender Rat, 1906 Berghauptmann und Dir. des Oberbergamtes Dortmund, 1915 zum Wirkl. Geh. Oberbergrat befördert, trat 1919 in den Ruhestand.

folgte die Förderung noch vornehmlich aus der 1. und 2. Tiefbausohle mit 185 100 to bzw. 241 742 to, während die 3. Sohle zusammen mit der Saarsohle nur rund 30 000 to lieferte.[4]

Schon im Rechnungsjahr 1881/82 verschob sich in Sulzbach das Gewicht der Förderung weiter von der 2. zur 3. Tiefbausohle hin: 64 092 to zu 94 399 to, kein Wunder also, wenn man noch im gleichen Jahre das Abteufen des Mellinschachtes II nach der 4. Tiefbausohle in Angriff nahm, womit eine Teufe von −83 m oder 335 m unter Tage erreicht war. Gleichzeitig wurde auch in der Abteilung Altenwald das Abteufen des Gegenortschachtes nach der 4. Sohle begonnen, während man bei zunehmendem Verhieb der 1. Tiefbausohle die Schachtförderung aus dieser Sohle 1882 einstellte, nur die letzten Pfeilerreste wurden in diesem Jahre noch herausgewonnen. Im Rechnungsjahr 1881/82 lieferten auf Altenwald: die 1. Sohle 145 693 to, die 2. Sohle 244 162 und die 3. Sohle 45 497 to.[5]

Im Jahre 1882/83 wurde auf Sulzbach die Förderung wieder einmal „durch Ersaufen der unteren Sohlen" beeinträchtigt, doch den Ausfall deckten die Kreuzgräbenschächte, die nun voll in Förderung traten. Der Mellinschacht II erreichte die 4. Tiefbausohle, ebenso auf Altenwald der Eisenbahnschacht I und der Gegenortschacht, im Jahre darauf unterfuhr man von Mellin II aus den Mellinschacht I und brachte diesen durch Überbrechen zur 4. Sohle nieder.

Im Rechnungsjahr 1883/84 begann man in Altenwald mit dem Niederbringen des Eisenbahnschachtes II zur 4. Tiefbausohle, was ein Jahr später erreicht war, sowie mit der Aufschließung der 5. Tiefbausohle von der 4. Sohle her durch einfallende Strecken.[6] Der Gegenortschacht erhielt ein neues, eisernes Seilscheibengerüst, die Kesselanlagen der Eisenbahn- und Mellinschächte wurden durch mehrere neue Kessel verstärkt.

Der Abbau fand Ende der 80-er Jahre auf Sulzbach vorwiegend über der 3. Tiefbausohle statt, während in den darüber liegenden Sohlen „nur einzelne noch anstehende Flözteile gelöst und abgebaut" wurden,[7] dafür nahm die Ausrichtung der 4. Sohle ihren Fortgang. Auf Altenwald hingegen begann die Förderung auf der 3. Sohle bereits „schwächer zu werden, da der Verhieb der mächtigeren Flöze schnell fortschritt", deswegen mußte die Förderung aus der 4. Sohle gesteigert werden.[8] Gleichzeitig wurden die Aus- und Vorrichtungsarbeiten in der 5. Sohle, mit der eine Teufe von rund 400 m unter Tage erreicht war, verstärkt betrieben; der Durchschlag mit dem Gegenortschacht war 1889 erreicht, und für diesen Schacht durch Verlängerung der Pumpenanlage eine ausreichende Wasserhaltung hergestellt.

Außerdem wurde in der Kolonie Friedrichsthal das Abteufen eines zweiten Wetterschachtes in Angriff genommen, der 1891/92 eine Teufe von 260 m unter Tage erreichte; der Ventilatorschacht in der Mohrbach konnte bis zur 3. Tiefbausohle niedergebracht werden, und im Ostfelde an der Markscheide gegen Grube Heinitz auf dem Bildstock nahm man das Abteufen eines weiteren Wetterschachtes in Angriff. Die Kohlengewin-

---

[4] LAS, Best. 564, Nr. 141, p. 164, 166.
[5] ebenda, p. 168. Von 1882/83 ab ist in den Akten die Förderung leider nicht mehr nach Sohlen aufgeschlüsselt.
[6] LAS, Best. 564, Nr. 141, p. 174, 176.
[7] ebenda, p. 188.
[8] ebenda, p. 190, 192.

nung erfolgte zu dieser Zeit auf Altenwald in ziemlich gleichem Umfang über die 3. und 4. Sohle, Sulzbach dagegen förderte hauptsächlich aus der 3. Sohle.

Das Abteufen des „Kolonieschachtes", des erwähnten Wetterschachtes in der Kolonie Friedrichsthal, wurde 1894 bis zur 5. Tiefbausohle beendet und der Schacht fertig in Eisen ausgebaut, er erreichte eine Teufe von 465 m unter Tage.[9]

Die Arbeiten an dem Wetterschacht auf dem Bildstock, der zu Ehren des Berghauptmanns Hermann Brassert „Hermannschacht" genannt worden war, waren unterbrochen und erst 1894 wieder aufgenommen worden, er erreichte 1897 die 4. Sohle in einer Teufe von 437 m unter Tage.[10] Schon im folgenden Jahr wurde zur Verbesserung der Wetterführung in der Nähe der Eisenbahnschächte ein weiterer, ausziehender Wetterschacht angesetzt, der nach der Gattin des damaligen Chefs der Berginspektion V, Krümmer, „Mathilde-Schacht" getauft wurde, er war 1900 bis nahe an die 4. Sohle niedergebracht.[11] In der Abteilung Sulzbach wurden 1892/93 die hölzernen Schachttürme der beiden Mellinschächte durch zwei eiserne Seilscheibengerüste ersetzt.[12]

Im Jahre 1900 erfolgte in der Grubenabteilung Sulzbach die Förderung durch die beiden Mellinschächte aus der 3. und 4. Sohle; die Saarsohle war vollständig verhauen, die über der 1. Sohle anstehende Kohle annähernd abgebaut, auch in der 2. und 3. Sohle sollte der Abbau nur noch wenige Jahre dauern, so daß dann die Förderung fast ausschließlich aus der 4. Sohle erfolgen würde, abgesehen von der Vorrichtung der 5. Sohle.[13]

Auf Altenwald ging die Förderung von der 4. Sohle durch den Eisenbahnschacht I, von der 3. Sohle durch den Eisenbahnschacht II, während die auf der 5. Sohle fallende Kohle teils durch den Gegenortschacht, teils durch den Kolonieschacht zunächst auf die 3. Sohle gehoben, und von dort durch den Eisenbahnschacht II zu Tage gebracht wurde. Die 5. Sohle wurde weiter „schwunghaft vor- und ausgerichtet".

Das Vordringen in immer größere Abbautiefen erforderte naturgemäß auch immer leistungsfähigere Förder- und Wasserhaltungsmaschinen sowie eine wirksamere Wetterführung mit Hilfe von maschinengetriebenen Ventilatoren. Die beiden Eisenbahnschächte der Grubenabteilung Altenwald erhielten in den Jahren 1886/88 neue Fördermaschinen, Seilscheibengerüste sowie neue Maschinengebäude, die alte Maschine vom Eisenbahnschacht I wurde zum Mellinschacht II umgesetzt, wo sie den dortigen Anforderungen vorläufig noch genügte. Die alte Maschine vom Eisenbahnschacht II wurde am Venitzschacht neu montiert und ersetzte dort die noch ältere Balanciermaschine, ein Beispiel für die sparsame Betriebsführung der preußischen Bergbeamten. Am Gegenortschacht begnügte man sich damit, die Fördermaschine 1890/91 einer gründlichen Reparatur zu unterziehen und sie mit neuen Fundamenten zu versehen.[14]

---

[9] ebenda, p. 216.
[10] ebenda, p. 220.
[11] ebenda, p. 226, 228.
[12] ebenda, p. 199.
[13] ebenda, p. 228.
[14] ebenda, p. 179, 181, 183, 185, 193, 195.

Den Wetterschacht bei der Kolonie Friedrichsthal stattete man 1891 mit einer Fördermaschine nebst einer aus 2 Kesseln bestehenden Kesselanlage aus. Die vom Eisenbahnschacht I zum Mellinschacht II umgesetzte Fördermaschine erwies sich dann doch sehr bald als nicht mehr leistungsfähig genug, so daß man 1899/1900 einen gründlichen Umbau der ganzen Maschinenanlage vornahm. Gleichzeitig wurde am Mathilde-Schacht ein Fördermaschinen- und Ventilatorengebäude in Angriff genommen und soweit geführt, daß die Maschinen bald montiert werden konnten.[15]

Das Problem und die eminente Bedeutung einer ausreichenden Wetterführung wurde erschreckend deutlich, als am 5. Februar 1888 auf Kreuzgräben eine Schlagwetter-Explosion sich ereignete, die 42 Todesopfer forderte,[16] das erste große Grubenunglück auf Altenwald. Es ereignete sich, obwohl gerade an den Kreuzgräbenschächten 1881 eine leistungsfähige Ventilatoren-Anlage errichtet worden war.[17] Aber wir wissen inzwischen, daß trotz der Anwendung modernster Technik keine Kohlengrube vor derartigen Unglücken vollständig sicher sein kann. Aber man tat, was man konnte, um die Bewetterung so gut wie möglich zu gestalten.

Die Ventilatoren-Anlage am Wetterschacht in der Mohrbach erhielt 1887 einen neuen Pelzer'schen Ventilator, der neue Wetterschacht der Grubenabteilung Kreuzgräben wurde 1889 mit einem Kley'schen Ventilator ausgerüstet, am Lochwies-Wetterschacht 1893 ein Reserve-Ventilator aufgestellt. Auch der Hermannschacht erhielt 1896 eine Kley'sche-Ventilatoren-Anlage, so daß nunmehr der letzte Wetterofen im Juli 1897 außer Betrieb gesetzt werden konnte; die von ihm bis dahin aufgenommenen Wetter wurden dem Hermannschacht zugeführt.[18]

Zur Wasserhaltung wurde 1884 am Eisenbahnschacht I eine neue Balanciermaschine aufgestellt, 1892 aber zu einer technischen Neuerung gegriffen: in der 4. Tiefbausohle montierte man eine Verbund-Wasserhaltungsmaschine von je 2 m³ Leistung pro Minute,[19] deren Aufgabe es sein sollte, „die Wasser von Grube Altenwald und Sulzbach zusammen zu Tage zu heben".[20] Die Wasser der Grube Altenwald wurden durch eine eigens zu diesem Zweck vorgetriebene Strecke an die Maschine geleitet, von der aus eine Steigleitung durch den Mellinschacht I zu Tage führte, durch welche der Maschine der über Tage erzeugte Dampf zugeführt wurde. Diese Dampfleitung besaß einen Querschnitt von 225 mm und war sorgfältig isoliert, um ein Abkühlen und damit ein Nachlassen der Dampfspannung zu verhindern.

Der Vorteil dieser unterirdischen Wasserhaltungsmaschine bestand in einer besseren Ausnutzung der Wärmeenergie sowie einer geringeren Defektanfälligkeit, denn die bei den bis dahin üblichen, über Tage montierten Maschinen nicht selten vorkommenden Brüche des Pumpengestänges waren hier ja vermieden.

[15] ebenda, p. 226f.
[16] ebenda, p. 186.
[17] ebenda, p. 161.
[18] ebenda, p. 224.
[19] ebenda, p. 199.
[20] Der Bergmannsfreund, 1892, Nr. 83, S. 601.

War das System der unter Tage stationierten Wasserhaltungsmaschine nicht mehr absolut neu, sondern auch im Saarrevier schon seit ein paar Jahren bekannt, so kann die Grube Sulzbach-Altenwald aber den Ruhm für sich in Anspruch nehmen, im Jahre 1894 die erste elektrische Kraftanlage an der Saar eingerichtet zu haben.[21] Während die Elektrizität bis dahin auf den Saargruben nur der Beleuchtung gedient hatte, zuerst 1881 auf Kronprinz, diente der Strom nun in Altenwald zum ersten Male der Energieerzeugung, und zwar auf folgende Weise:

Die in der 3. Tiefbausohle zufließenden Wasser waren bis dahin ungenutzt der in der 4. Sohle stehenden Wasserhaltung zugeführt worden. Nun leitete man diese Wasser einer in der 4. Sohle stehenden, mit einem Dynamo gekoppelten Turbine zu, und der so erzeugte Strom von 330 Volt und 90 Ampère wurde einem in der 3. Sohle montierten Elektromotor zugeführt, der eine Seilförderung antrieb, mit deren Hilfe die unterhalb der 3. Sohle auf Flöz 2 fallende Kohle durch eine mit 8 Grad einfallende Strecke auf die 3. Sohle gehoben wurde. Die Förderstrecke war 840 m lang, der Elektromotor leistete 16 PS und verlieh dem Seil eine Geschwindigkeit, die es ermöglichte, in einer Stunde 90 Wagen zu fördern.

Im übrigen erfolgte die Förderung unter Tage ja immer noch mit Hilfe von Pferden, von denen im Jahre 1900 auf Sulzbach-Altenwald 9 über und 140 unter Tage eingesetzt waren, zur Verfügung gestellt von privaten Unternehmern, mit denen die Grube entsprechende Verträge abschloß. Seit Dezember 1899 wurde dann die Pferdeförderung auf beiden Grubenabteilungen in eigene Regie übernommen.

Die maschinelle Ausrüstung im Jahre 1900 sah folgendermaßen aus:[22] 17 Dampfmaschinen über Tage mit 4 323 PS, 2 unter Tage mit 400 PS, 32 in den Nebenbetrieben über Tage mit 1 428 PS, zusammen also 51 Dampfmaschinen mit 6 151 PS.

Auch in diesen 20 Jahren verlief der technische Betrieb nicht ohne Störungen: vom Ersaufen der tieferen Sohlen auf Sulzbach 1882 und der Schlagwetter-Explosion 1888 war schon die Rede. Am 25. Oktober 1898 ereignete sich am Venitzschacht ein Bruch der Seilkorbachse an der Fördermaschine, die daraufhin bis zum 12. Januar 1899 ausfiel, so daß Förderung und Seilfahrt durch den Mellinschacht I erfolgen mußte. Und am 12. März 1899 fiel die Fördermaschine des Eisenbahnschachtes II auf Altenwald aus wegen eines Bruchs der Seilkorbnabe, ein Schaden, der aber schon am 21. März behoben war. Während dieser Zeit geschahen Förderung und Seilfahrt durch den Gegenortschacht und Eisenbahnschacht I.

Außer dem schon erwähnten Schlagwetter-Unglück wurde die Grube Sulzbach-Altenwald am 21. November 1884 von einem zweiten Unglück heimgesucht, das 15 Bergleuten das Leben kostete: ein Achsenbruch an der Fördermaschine des Venitzschachtes hatte zur Folge, daß ein mit 12 Bergleuten besetzter Förderkorb in die Tiefe stürzte, 3 weitere Bergleute wurden von dem herabfallenden Förderseil erfaßt und mit in die Tiefe gerissen. Von den Verunglückten waren 5 sofort tot, 9 starben gleich nach der Einlieferung in das Sulzbacher Lazarett, einer verschied dort 2 Tage später.[23] Ein weiteres Unglück ereignete sich

21 Der Bergmannsfreund, 1898, Nr. 90, S. 834; 1900, Nr. 65, S. 469.
22 Nach Ztschr. f. d. Berg-, Hütten- und Salinenwesen, Jg. 49, 1901.
23 Der Bergmannsfreund, 1884, Nr. 49, S. 197.

beim Abteufen des Hermannschachtes, wo am 14. Juli 1894 zwei Bergleute durch hereinbrechende Berge verschüttet wurden.[24]

2. Der wirtschaftliche Betrieb

Die bereits oben erwähnte konjunkturelle Schwäche der Jahre 1881 – 1895 spiegelte sich in der Förderung wider, die von 1880/81 – 1889/90 bei etwa 650 000 to stagnierte, nur die Jahre 1885/86 und 1888/89 verzeichneten infolge einer etwas regeren Nachfrage eine Förderung von etwas mehr als 700 000 to. Im Rechnungsjahr 1889/90 fiel die Förderung um fast 100 000 to oder 14 % zurück, was in erster Linie auf die beiden Streiks vom 23. Mai bis 1. Juni und vom 16. bis 21. Dezember zurückzuführen war, an denen sich „ein größerer Teil der Belegschaft" beteiligt hatte.[25] Außerdem ging die Schichtleistung in diesem Jahr gegenüber dem Vorjahr um mehr als 20 %, nämlich von 980 auf 750 kg, zurück.

Im Rechnungsjahr 1890/91 ging die Förderung noch einmal um 50 000 to zurück, im wesentlichen eine Folge der Abtrennung der Betriebsabteilung Kreuzgräben von Sulzbach-Altenwald. Die Streiks dagegen hatten nicht, wie man denken könnte, Massenentlassungen zur Folge, es sind vielmehr aus diesem Grund auf Sulzbach-Altenwald nur 6 Bergleute abgelegt worden.[26] Vom 21. Mai bis 25. Mai 1891 kam es erneut zu einem Streik, an welchem sich 1 079 Bergleute, das waren etwa 40 % der Belegschaft, beteiligten,[27] was zur Folge hatte, daß die Förderung 1891/92 nur wenig über der des Vorjahres lag.

Auch in den beiden folgenden Jahren blieb die Förderung infolge geringer Nachfrage schwach, erst vom Rechnungsjahr 1895/96 ab zeigte sich eine spürbare Belebung der Konjunktur, die zu steigenden Förderleistungen führte: sie nahm von 1894/95 bis 1898/99, also in nur 4 Jahren, um rund 170 000 to oder 30 % zu, gleichzeitig wurde die Belegschaft von 2 527 auf 3 468 Mann, d. h. um 37 %, vermehrt, was erkennen läßt, daß eine Erhöhung der Förderung noch immer nur durch eine Vermehrung der Arbeitskräfte zu erreichen war, so lange eben die Gewinnung der Kohle im wesentlichen durch Handarbeit erfolgte. (Siehe Tabelle Seite 69)

Läßt man die konjunkturellen Schwankungen außer Betracht, dann ist die Gesamtförderung der Grube während dieser 20 Jahre nur um 24 % gestiegen, doch diese Zunahme geht fast vollständig auf das Konto der Abteilung Sulzbach, deren Förderung um 82,5 % zugenommen hat. Dem entsprechend hat sich auch in Sulzbach die Zahl der Belegschaft wesentlich stärker vergrößert als in Altenwald: sie stieg in Sulzbach von 845 auf 1 369 Mann, also um 62 %; in Altenwald dagegen von 1 538 auf 2 099 Mann, also nur um 29 %. Warum allerdings die Förderung in der Betriebsabteilung Altenwald nur um 3 %, weit unterproportional zur Belegschaftsentwicklung ,zugenommen hat, in Sulzbach dagegen mit

---

[24] ebenda, 1894, Nr. 57, S. 450; Nr. 58, S. 460.
[25] LAS, Best. 564, Nr. 141, p. 191.
[26] LAS, Best. 564, Nr. 770, p. 52 f.
[27] LAS, Best. 564, Nr. 141, p. 197.

| Jahr | Förderung | | | | Absatz |
	Sulzbach to	Altenwald to	Kreuzgräben to	Insgesamt to	to
1880/81	174 350	457 016	—	631 366	631 394
1881/82	170 483	440 859	—	611 342	611 131
1882/83	153 288	456 785	15 028	625 101	624 864
1883/84	146 388	452 608	38 652	637 648	637 935
1884/85	165 608	437 253	66 575	669 436	669 237
1885/86	192 231	422 761	89 308	704 300	704 692
1886/87	156 486	407 920	81 619	646 025	645 370
1887/88	188 018	397 465	76 590	662 073	662 647
1888/89	244 761	416 925	78 235	739 921	720 000
1889/90	201 196	328 558	91 053	620 807	620 747
1890/91	213 941	355 105	—	569 046	569 146
1891/92	210 963	388 638	—	599 601	599 552
1892/93	200 584	361 337	—	561 921	561 503
1893/94	212 668	369 102	—	581 770	582 237
1894/95	206 879	404 749	—	611 628	610 425
1895/96	229 950	432 391	—	662 341	663 484
1896/97	258 157	438 361	—	696 518	696 379
1897/98	298 453	444 597	—	743 050	743 150
1898/99	314 372	470 223	—	784 595	784 253
1899/1900	keine Ang.	keine Ang.	keine Ang.	keine Ang.	keine Ang.

82 % überproportional zur Zunahme der Arbeiterzahl, läßt sich den Quellen nicht entnehmen. Die Ursache kann eigentlich nur in einer entsprechenden Differenz der Schichtleistungen liegen, die wiederum zu erklären wäre, wozu indessen die Aktenüberlieferung keine Unterlagen bietet. (Siehe Tabelle Seite 70)

Der sprunghafte Anstieg der Belegschaft von 1883 auf 84 war verursacht durch den erweiterten Betrieb auf der Schachtanlage Kreuzgräben, wo im Laufe des Rechnungsjahres 1883/84 165 Mann neu angelegt wurden. Zwei Jahre später erfolgte dort eine weitere Vermehrung der Arbeitskräfte um 76 Mann, die von Dudweiler nach Kreuzgräben verlegt wurden, weil die Grube Dudweiler ihre Belegschaft wegen Absatzmangel vermindern mußte. Die plötzliche Schrumpfung der Belegschaft im Jahre 1890/91 war, wie schon erwähnt, verursacht durch die organisatorische Trennung der Abteilung Kreuzgräben von der Inspektion V und ihre Angliederung an die Inspektion IX.

Wie die Tabelle unten zeigt, war die Belegschaft von 1880 – 1895 zahlenmäßig ziemlich konstant geblieben, sie schwankte um 2 500, erst in den letzten 5 Jahren vor der Jahrhundertwende nahm sie um 37 % zu, weil die steigende Nachfrage nur durch vermehrten Ar-

[28] ebenda, p. 203, 207.

Belegschaft, Schichtleistung und Schichtlohn[29]

Jahr	Belegschaft	Leistung pro Mann und Schicht kg	Durchschnittlicher Schichtlohn M
1880/81	2383	930	3,19
1881/82	2361	910	3,25
1882/83	2402	920	3,30
1883/84	2567	860	3,31
1884/85	2592	920	3,29
1885/86	2641	940	3,32
1886/87	2629	890	3,22
1887/88	2619	930	3,21
1888/89	2675	980	3,31
1889/90	2842	750	3,62
1890/91	2520	790	4,05
1891/92	2520	810	4,17
1892/93	2497	800	3,83
1893/94	2583	880	3,68
1894/95	2527	850	3,61
1895/96	2714	900	3,67
1896/97	2968	850	3,63
1897/98	3193	860	3,65
1898/99	3468	820	3,64
1899/1900	3712	keine Angabe	3,70

beitskräfteeinsatz befriedigt werden konnte. Denn die Arbeitsleistung lag in den 90er Jahren nicht nur nicht höher, sondern im Gegenteil niedriger als in den 80er Jahren, ohne daß dies erklärt werden könnte, wenn man nicht annehmen will, daß die in den Streiks von 1889/91 sichtbar gewordene Unzufriedenheit der Bergleute auch in den folgenden Jahren noch verbreitet und für die relativ niedrigen Arbeitsleistungen verantwortlich war.

Die Löhne bewegten sich bis zu den Streiks von 1889 auf dem gleichen Niveau wie in der Zeit von 1860 – 1880, die drastische Erhöhung von etwa 25 % in den Jahren 1890/92 wird man vielleicht als Streikerfolg anzusehen haben, auch wenn diese Lohnerhöhungen nicht ausdrücklich in Verhandlungen mit den Streikenden konzediert worden waren. Doch in den letzten Jahren des Jahrhunderts fielen die Löhne, der anlaufenden Konjunktur und steigender Kohlenpreise ungeachtet, sukzessive wieder zurück, wenngleich nicht auf das Niveau von 1880. Was das für den Bergmann real zu bedeuten hatte, wird noch zu zeigen sein.

Entsprechend der oben skizzierten konjunkturellen Entwicklung lagen die Kohlenpreise von 1881 – 1888 relativ niedrig: zwischen 6,55 M und 7,04 M pro Tonne, nur in den

---

[29] ebenda.

Jahren 1883/84 konnten etwa 5 % höhere Preise erzielt werden. Mit dem Rechnungsjahr 1888/89 begann die Nachfrage sich zu beleben,[30] und sie nahm in den nächsten beiden Jahren derart zu, daß die Preise zunächst um 20 %, dann abermals um 25 % angehoben werden konnten. In den Jahren 1892/93 fielen die Kohlenpreise zwar, blieben aber mit 9,63 M bzw. 9,02 M noch auf einem relativ hohen Niveau, doch in den beiden folgenden Jahren sanken die Kohlenpreise infolge rückläufiger Nachfrage weiter bis auf 7,92 M pro Tonne; erst mit dem Rechnungsjahr 1895/96 begann mit dem konjunkturellen Aufschwung auch ein neuerlicher Anstieg der Kohlenpreise um 12,5 % während der nächsten drei Jahre.

Selbstkosten, Preise und Überschüsse[31]

Jahr	Selbstkosten pro Tonne			
	General-kosten M	Betriebs-löhne M	Betriebs-material M	Bauten M
1880/81	0,90	3,56	1,05	0,39
1881/82	1,05	3,68	1,09	0,27
1882/83	0,94	3,69	1,23	0,21
1883/84	0,90	3,84	1,20	0,37
1884/85	0,92	3,67	1,08	0,27
1885/86	0,86	3,54	1,05	0,19
1886/87	0,97	3,54	1,03	0,35
1887/88	0,99	3,39	0,97	0,23
1888/89	1,02	3,34	1,03	0,19
1889/90	1,20	4,46	1,26	0,16
1890/91	1,30	5,09	1,38	0,35
1891/92	1,53	5,09	1,21	0,30
1892/93	1,34	4,76	1,18	0,28
1893/94	1,41	4,21	1,04	0,06
1894/95	1,43	4,28	1,07	0,07
1895/96	1,41	4,12	1,05	0,13
1896/97	1,33	4,28	1,19	0,09
1897/98	1,22	4,26	1,20	0,08
1898/99	1,29	4,42	1,35	0,08
1899/1900	keine Angaben	keine Angaben	keine Angaben	keine Angaben

[30] LAS, Best. 564, Nr. 141, p. 187.
[31] ebenda, p. 205 ff.

Jahr	Summe der Selbstkosten M/to	Preise im Durchschnitt M/to	Überschüsse M
1880/81	5,90	7,00	509 840
1881/82	6,09	6,95	403 713
1882/83	6,07	7,29	616 828
1883/84	6,31	7,30	486 471
1884/85	5,94	6,81	453 761
1885/86	5,64	6,71	604 510
1886/87	5,89	6,64	312 313
1887/88	5,58	6,55	496 615
1888/89	5,58	7,04	908 117
1889/90	7,08	8,37	615 660
1890/91	8,02	10,43	1 160 785
1891/92	8,13	9,63	687 568
1892/93	7,76	9,02	474 800
1893/94	6,72	8,05	545 336
1894/95	6,85	7,92	389 878
1895/96	6,71	8,18	677 391
1896/97	6,89	8,30	475 695
1897/98	6,77	8,71	852 302
1898/99	7,14	8,92	776 366
1899/1900	keine Angaben	keine Angaben	keine Angaben

Nach dem früher Gesagten kann es kaum überraschen, daß der Anteil der Betriebslöhne an den Selbstkosten während der hier betrachteten 20 Jahre immer noch hoch war, und mit rund 60 % gleich hoch geblieben ist. Auch der Anteil der Betriebsmaterialien an den Gesamtkosten blieb etwa gleich, er betrug 1880/81 rund 18 %, 1898/99 etwa 19 %, während die Generalkosten anteilmäßig von 15 auf 18 % zugenommen haben. Der Aufwand für Neu- und Ersatzinvestitionen lag mit 2 – 7 % der Selbstkosten relativ niedrig: in absoluten Zahlen ausgedrückt, waren es 1880/81: 246 232 M, 1898/99 nur 62 767 M.

Dafür wurden an den Fiskus beträchtliche Überschüsse abgeliefert: insgesamt 11 447 949 M. Das war zwar nur etwas mehr als die Hälfte des Betrages, der in den Jahren 1862 – 1880 dem Staatssäckel zugute gekommen war, doch wenn man die anormalen Gründerjahre ausklammert, dann lagen die wirtschaftlichen Überschüsse in der Zeit von 1880 – 1900 ungefähr in der gleichen Größenordnung wie in den zwanzig Jahren zuvor.

Der niedrige Überschuß im Rechnungsjahr 1886/87 war eine Folge „stockender Nachfrage und niedriger Preise",[32] während im folgenden Jahre der niedrige Preis durch eine Reduktion der Selbstkosten etwas kompensiert werden konnte, so daß der Überschuß wesentlich höher lag als im Vorjahre. Die nächsten Jahre brachten durch hohe Preise auch

---

[32] ebenda, p. 181.

entsprechend große Überschüsse, während das geringe Ergebnis des Jahres 1892/93 auf den fallenden Preis, hohe Kosten sowie „Stockungen im Absatz, die das Einlegen von Feierschichten notwendig machten",[33] zurückzuführen war. Auch während der nächsten beiden Jahre blieben die Überschüsse wegen geringer Nachfrage und fallender Preise hinter den Erwartungen zurück, erst mit dem Preisauftrieb ab 1895/96 wurden die Betriebsergebnisse wieder günstiger. Der relativ niedrige Überschuß des Rechnungsjahres 1896/97 war vornehmlich durch höhere Selbstkosten verursacht.

3. Die Belegschaft

Die Belegschaft war in den hier zu betrachtenden 20 Jahren, wie aus der oben wiedergegebenen Tabelle ersichtlich, von 2 383 auf 3 712 Mann oder um 55 % angewachsen, von denen jedoch nur 2 170 in Sulzbach ansässig waren, so daß etwa 40 % der Belegschaft, wenn sie nicht aus benachbarten Dörfern täglich einpendeln konnte, in Privatquartieren oder Schlafhäusern unter den beschriebenen, wenig einladenden Bedingungen zuzubringen genötigt waren.

Die Vermehrung der Arbeitskräfte auf den Gruben hatte natürlich eine entsprechende Zunahme der Sulzbacher Bevölkerung zur Folge:[34]

	1875	%	1890	%	1900	%
Gesamtbevölkerung	8 993		11 263		17 576	
davon Bergleute	921	10,2	1 342	11,8	2 170	12,3
Bergleute mit Angehörigen	4 038	44,9	5 878	52,0	7 855	44,7

Der Anteil der Bergleute an der Gesamtbevölkerung hat demnach ständig zugenommen, der Anteil der bergmännischen Bevölkerung dagegen fiel 1900 wieder auf das Niveau von 1875 zurück, was dadurch bedingt war, daß von 1875 – 1890 die Zahl der Kinder um 65 %, von 1890 – 1900 aber nur um 25 % gewachsen war.

Was nun die wirtschaftliche Lage der Bergleute angeht, so ist der eben erwähnten Tabelle zu entnehmen, daß die durchschnittlich verdienten Schichtlöhne insgesamt, ohne Berücksichtigung der jährlichen Schwankungen, tendenziell, vor allem seit 1890, gestiegen sind, und zwar von 3,19 M im Rechnungsjahr 1880/81 auf 3,70 M im Rechnungsjahr 1899/1900, d. h. aber um 16 % oder weniger als 1 % jährlich.

An dieser Stelle sollte vielleicht einmal ein Blick auf die Verhältnisse im Ruhr-Revier geworfen werden: im Bezirk des Oberbergamtes Dortmund lagen die Schichtlöhne in den 80er Jahren im Durchschnitt zwischen 2,40 M und 2,80 M, also ganz erheblich unter den Saarbrücker Löhnen. In den frühen 90-er Jahren bewegten sich die Schichtlöhne in Dort-

---

[33] ebenda, p. 199.
[34] Peter Maus: Entwicklung der Bergmannsverhältnisse der Grube Sulzbach. In: Saarbrücker Bergmannskalender, 1940, S. 76.

mund im Schnitt zwichen 2,50 M und 3,50 M, auch während der Konjunktur der Jahre 1890/92 wurde in Essen der höchste Lohn im Oberbergamtsbezirk mit 3,91 M bezahlt, während gleichzeitig in Sulzbach-Altenwald der Durchschnittslohn bei 4,17 M lag. Erst von 1896 ab begannen die Löhne an der Ruhr diejenigen an der Saar zu überholen: im Jahre 1900 lag der Schichtlohn im Oberbergamtsbezirk Dortmund zwischen 4,00 M und 4,44 M, während in Sulzbach nur 3,70 M gezahlt wurden.[35]

Daraus folgt, daß in Krisenzeiten die Schichtlöhne an der Ruhr hinter denen an der Saar unter Umständen weit zurückbleiben, in der Konjunktur aber beträchtlich darüber liegen konnten. Die nicht selten geäußerte Ansicht, daß im privaten Bergbau an der Ruhr generell besser verdient wurde als im Staatsbergbau an der Saar, ist daher so nicht richtig. Nimmt man noch hinzu, daß der Bergmann an der Ruhr in Zeiten der Absatzflaute leicht seinen Arbeitsplatz verlieren konnte, während an der Saar die „ständigen Bergleute" – und das waren im Jahre 1890 etwa ¾ der Belegschaft[36] – praktisch unkündbar waren, dann wird man wohl sagen dürfen, daß der Bergmann an der Saar im Grunde besser daran war, auch wenn er in Zeiten der Hochkonjunktur weniger verdiente.

Zurück zu den Löhnen in Sulzbach, deren reale Bedeutung für die Betroffenen nur zu ermessen ist, wenn man sie mit den damaligen Lebenshaltungskosten vergleicht. Sofern der Bergmann nicht ein eigenes Haus bewohnte, hatte er für die Wohnungsmiete folgende Aufwendungen zu machen:[37]

eine 1-Zimmerwohnung kostete	3,50 M monatlich
eine 2-Zimmerwohnung kostete	7,00 M monatlich
eine 3-Zimmerwohnung kostete	10,00 – 10,50 M monatlich.

Das heißt, ein verheirateter Bergmann mit Familie mußte etwa ⅑ seines Monatslohnes für die Miete abzweigen; Heizungskosten kamen nicht in Betracht, da er Deputatkohlen erhielt, Aufwendungen für die Beleuchtung waren minimal.

Die Kosten für Bekleidung bewegten sich in folgenden Größenordnungen: ein Paar Grubenschuhe kosteten im Dudweiler Konsumverein 8,30 M oder 2½ Schichtlöhne, eine Hose 3,50 M, ein Arbeitshemd 2,40 M. Für einen Sonntagsanzug, der 45,00 M kostete, mußte der Bergmann einen halben Monat arbeiten, ebenso für einen Mantel. Die Lebensmittelpreise gehen aus nachfolgender Tabelle hervor, wobei wir in der glücklichen Lage sind, ab 1886 neben den Marktpreisen auch die in den Konsumvereinen verlangten Preise angeben zu können, so daß der Tabelle auch zu entnehmen ist, um wieviel günstiger der Einkauf im Konsumverein war.

35 LAS, Best. 564, Nr. 514.
36 Der Bergmannsfreund, 1891, Nr. 13, S. 50 f.
37 LAS, Best. 564, Nr. 1232, p. 16 ff. Die Daten gelten für Dudweiler in den Jahren 1889 – 1904; in Sulzbach lagen die Mieten 0,50 M höher.

Jahresdurchschnittspreise in Saarbrücken und Lebensmittelpreise in den
Konsumvereinen Heinitz und Louisenthal[38] jeweils für 1 kg

Jahr	Weizenmehl		Roggenmehl		Rindfleisch		Schweinefleisch	
	Markt M	Kons.-verein M	Markt M	Kons.-verein M	Markt M	Kons.-verein M	Markt M	Kons.-verein M
1881	0,54	—	0,40	—	1,11	—	1,40	—
1882	0,46	—	0,32	—	1,19	—	1,39	—
1883	0,41	—	0,31	—	1,28	—	1,39	—
1884	0,41	—	0,30	—	1,23	—	1,20	—
1885	0,39	—	0,31	—	1,16	—	1,25	—
1886	0,36	0,32	0,30	0,21	1,08	1,00	1,20	1,40
1887	0,39	0,29	0,32	0,21	1,04	1,00	1,20	1,40
1888	0,46	0,30	0,34	0,21	1,15	1,00	1,26	1,40
1889	0,50	0,33	0,36	0,23	1,18	1,20	1,47	1,50
1890	0,49	0,35	0,38	0,25	1,30	1,20	1,60	1,50
1891	0,46	0,36	0,36	0,29	1,25	1,20	1,34	1,52
1892	0,45	0,34	0,35	0,26	1,19	1,20	1,37	1,52
1893	0,43	0,31	0,32	0,22	1,16	0,80	1,37	1,30
1894	0,36	0,29	0,25	0,20	1,31	1,06	1,44	1,45
1895	0,32	0,27	0,20	0,21	1,32	1,41	1,39	1,60
1896	0,32	0,30	0,20	0,21	1,32	1,31	1,22	1,56
1897	0,33	0,38	0,21	0,23	1,20	1,35	1,26	1,60
1898	0,39	0,37	0,26	0,25	1,21	1,40	1,47	1,56
1899	0,36	0,31	0,26	0,23	1,20	1,35	1,43	1,56
1900	0,35	0,28	0,27	0,23	1,18	1,30	1,40	1,56

---

[38] LAS, Best. 564, Nr. 1232, p. 101.; A. Haßlacher, a.a.O., S. 158.

Jahr	Geräucherter Speck		Butter		Schmalz	
	Markt	Konsum-verein	Markt	Konsum-verein	Markt	Konsum-verein
	M	M	M	M	M	M
1881	2,01	—	2,39	—	2,03	—
1882	1,88	—	2,35	—	1,92	—
1883	1,90	—	2,32	—	1,73	—
1884	1,79	—	2,24	—	1,70	—
1885	1,77	—	2,13	—	1,77	—
1886	1,70	1,28	2,15	k. A.	1,69	0,86
1887	1,65	1,39	2,17	k. A.	1,71	0,86
1888	1,75	1,38	2,24	k. A.	1,69	0,91
1889	1,80	1,43	2,39	k. A.	1,89	0,94
1890	1,92	1,60	2,39	k. A.	1,85	0,82
1891	1,80	1,50	2,43	k. A.	1,66	0,84
1892	1,77	1,48	2,43	k. A.	1,67	0,94
1893	1,80	1,53	2,60	k. A.	1,61	1,14
1894	1,80	1,53	2,49	k. A.	1,67	1,06
1895	1,65	1,42	2,25	1,73	1,66	1,06
1896	1,60	1,29	2,11	1,80	1,60	0,86
1897	1,42	1,44	2,18	1,96	1,60	0,82
1898	1,60	1,51	2,24	2,05	1,60	0,88
1899	1,60	1,57	2,28	2,16	1,60	0,88
1900	1,57	1,43	2,26	2,18	1,56	1,22

Aus vorstehender Tabelle läßt sich ablesen, daß die Preise – von einem vorübergehenden Auftrieb am Ende der 80-er und zu Beginn der 90-er Jahre abgesehen – insgesamt gesehen in diesem Zeitraum bei Weizen- und Roggenmehl um 35 bzw. 32,5 %, bei Butter um 5 % und bei Schmalz um 23 % gefallen, beim Rind- und Schweinefleisch aber etwa stabil geblieben sind. Da die Löhne aber, wie wir sahen, um 16 % während dieser Zeit gestiegen sind, hat deren Kaufkraft, im Unterschied zu den vorangangenen 20 Jahren, deutlich zugenommen. Der Bergmann konnte für seinen Schichtlohn kaufen:

im Jahre 1881:	im Jahre 1900:
6 kg Weizenmehl oder	10,6 kg Weizenmehl oder
8 kg Roggenmehl oder	13,7 kg Roggenmehl oder
2,9 kg Rindfleisch oder	3,1 kg Rindfleisch oder
2,3 kg Schweinefleisch oder	2,6 kg Schweinefleisch oder
1,6 kg Speck oder	2,4 kg Speck oder
1,2 kg Butter oder	1,6 kg Butter oder
1,6 kg Schmalz	2,4 kg Schmalz

Wie die Tabelle ebenfalls zeigt, lagen die Preise der Konsumvereine im allgemeinen deutlich unter den Marktpreisen, manchmal aber auch darüber, und in den späten 90-er Jahren überschritten sie die Marktpreise beim Fleisch beträchtlich, dafür lagen sie beim Speck teilweise um 50 % darunter. Die Gründe dafür, daß die Konsumvereine zuweilen, im Widerspruch zu ihrer Zielsetzung, ihre Waren deutlich über den Marktpreisen anboten, sind den Akten leider nicht zu entnehmen.

Obwohl demnach die Kaufkraft der Löhne deutlich zunahm, kam es am 23. Mai 1889 zum Streik,[39] weil die Bergleute ein Recht darauf zu haben glaubten, an den hohen Kohlenpreisen der späten 80er Jahre durch höhere Löhne zu partizipieren. In ihrem „Bildstock Protokoll" verlangten die Bergleute einen Gedingelohn von mindestens 4,00 M sowie eine Verkürzung der Schicht auf 8 Stunden einschließlich der Ein- und Ausfahrt. Nachdem Verhandlungen mit der Bergwerksdirektion zu nichts geführt hatten, und eine Delegation der Streikenden in Berlin weder vom Kaiser noch vom Handelsminister empfangen worden war, brach der Streik in Sulzbach-Altenwald am 1. Juni zusammen, am 3. Juni fuhren auf allen Gruben des Reviers die Belegschaften vollständig wieder an.

Aber schon im Dezember kam es erneut zum Streik, an dem sich allerdings nur maximal 23 % der Belegschaft beteiligten,[40] während es im Mai 44 % gewesen waren. Wie schon im Mai spielten auch diesmal Einflüsse vom Ruhrgebiet her eine sicher nicht zu unterschätzende, aber wohl nicht entscheidende Rolle. Den Anlaß bildete die Entlassung von Bergleuten,[41] die sich im Mai-Streik hervorgetan hatten, und deren Wiederanlegung gefordert wurde; daneben standen die alten Forderungen nach Begrenzung der Schichtdauer und höheren Löhnen im Vordergrund. Der Ausstand, der auf Sulzbach-Altenwald am 16. Dezember begonnen hatte, endete auch diesmal für die Streikenden ohne Ergebnis: nachdem die Bergwerksdirektion am 20. Dezember bekannt gegeben hatte, daß jeder, der am 23. nicht anführe, als „freiwillig ohne Kündigung ausgeschieden" betrachtet werden würde,[42] fuhr die Belegschaft am 23. Dezember vollständig an.

Ein erneuter Streik, von welchem aber nur die Inspektionen II und V betroffen waren, fand vom 21. – 25. Mai 1891 statt, an welchem sich auf Sulzbach-Altenwald 1 079 Mann, das waren 44 % der Belegschaft, vornehmlich Schlafhausbewohner, beteiligten.[43] Dahinter standen die alten Forderungen nach höheren Löhnen, kürzerer Arbeitszeit, Abschaffung der Gedingeversteigerungen, mildere Strafen bei Disziplinarvergehen und Abschaffung des Abkehrscheins. Da indessen der Ausstand nur zwei Inspektionen erfaßte, war das Unternehmen von vorn herein zum Scheitern verurteilt. Nach einem Ultimatum der Bergwerksdirektion fuhren die Bergleute am 25. Mai vollständig wieder an. Die Teilnahme am Streik büßten 27 Bergleute mit ständiger, 109 mit zeitweiliger Ablegung.

Der Arbeitsfriede dauerte nicht lange, denn am 29. Dezember 1892 begann der „umfangreichste und längste Streik an der Saar im 19. Jahrhundert",[44] an dem sich auf seinem Hö-

---

[39] Klaus-Michael Mallmann: Die Anfänge der Bergarbeiterbewegung an der Saar (1848 – 1904). (Veröff. d. Komm. f. saarl. Landesgesch. u. Volksforschung, Bd. XII) Saarbrücken 1981, S. 98 ff.
[40] ebenda, p. 172.
[41] Von einer „Entlassungswelle", wie Mallmann S. 166 schreibt, konnte jedoch keine Rede sein.
[42] K. M. Mallmann, a.a.O., S. 172.
[43] LAS, Best. 564, Nr. 141, p. 197; K. M. Mallmann, a.a.O., S. 231ff.
[44] K. M. Mallmann, a.a.O., S. 289.

hepunkt, am 2. Januar 1893, 83 % der Belegschaft beteiligten.[45] Die Motive für diesen Ausstand waren einmal die infolge der Absatzflaute erfolgten Lohnkürzungen, wenngleich die Löhne, wie aus der Tabelle auf Seite 70 ersichtlich, immer noch über dem Niveau der Zeit vor dem Boom lagen, zum anderen aber die neue Arbeitsordnung, die am 1. Januar 1893 in Kraft trat, und in der im wesentlichen die bestehenden Verhältnisse festgeschrieben waren, die Bergleute also, entgegen ihren Hoffnungen und Erwartungen, keine ihrer alten Forderungen verwirklicht sahen. Doch auch dieser lange andauernde und erbitterte Streik brach am 18. Januar 1893 ergebnislos zusammen.

a) der Ausschuß der Vertrauensmänner

Die Streiks von 1889 brachten den Bergleuten zwar unmittelbar keinen Erfolg, letztlich aber führten sie durch Verfügung des Oberbergamtes Bonn vom 21. Februar 1890 zur Einsetzung von gewählten Vertrauensmännern auf den einzelnen Gruben, deren Aufgabe es war, „Anträge, Wünsche und etwaige Beschwerden... bei dem Bergwerksdirektor anzubringen und sich in den Zusammenkünften mit dem letzteren gutachtlich zu äußern"[46]. Jede Steigerabteilung war berechtigt, einen Vertrauensmann aus ihrer Mitte zu wählen, der mindestens 5 Jahre auf der betreffenden Grube gearbeitet haben mußte; er genoß jedoch keinen Kündigungsschutz, konnte also bei Mißliebigkeit aus der Grube entfernt werden. Soweit brauchte man indessen gar nicht zu gehen, denn eine Versetzung in eine andere Steigerabteilung genügte, um dem Gewählten das Mandat und seine Mitgliedschaft im Vertrauensmänner-Gremium zu nehmen.

In diesem Gremium führte der Bergwerksdirektor den Vorsitz, und er bestimmte auch die Tagesordnung. Ferner enthielt die Verfügung des Oberbergamtes die Vorschrift, daß „nur Angelegenheiten allgemeiner Natur den Gegenstand der Beratungen" bilden dürften, keine Beschwerden einzelner Bergleute, die dem Chef der jeweiligen Berginspektion vorzutragen waren.

Bereits am 9. März 1890 traten die 23 für 2 Jahre gewählten Vertrauensmänner der Grube Sulzbach-Altenwald[47] zu ihrer ersten Sitzung zusammen, auf der sie sogleich eine Änderung der Bestimmungen verlangten: die Wahl sollte nicht aus der einzelnen Steigerabteilung, sondern aus der Mitte der gesamten Belegschaft erfolgen, und die Vertrauensleute sollten während ihrer Amtszeit nicht verlegt werden dürfen.[48] Sie drangen mit ihrer Forderung natürlich nicht durch, denn die Bergwerksdirektion mußte bei einer solchen Statutenänderung eine Massierung unliebsamer Elemente in den Ausschüssen befürchten, die dann durch Verlegung auf andere Gruben oder Grubenabteilungen nicht mehr aufzubrechen sein würde.

Während über die Wahlbeteiligung bei der ersten Wahl nichts überliefert ist, wissen wir, daß sie im März 1892 bei 73 % lag, in der Grubenabteilung Sulzbach waren es nur 65 %, in Altenwald dafür aber 78 %.[49] Die Sitzungen des Vertrauensmänner-Ausschusses

---

[45] ebenda, S. 291.
[46] ebenda, S. 187.
[47] 15 für Altenwald, 8 für Sulzbach.
[48] K. M. Mallmann, a.a.O., S. 187.
[49] LAS, Best. 564, Nr. 808, p. 56 f.

fanden übrigens nicht in einem regelmäßigen Turnus statt, sondern entweder auf Antrag der Mitglieder, oder auf Initiative des Bergwerksdirektors; gewöhnlich tagte der Ausschuß 3 – 4 mal im Jahr.

Gleich zu Beginn der Sitzung des neu gewählten Ausschusses, am 17. März 1892, beantragten die bergmännischen Mitglieder, der § 7 der Instruktion möge dahingehend geändert werden, daß sie auch Beschwerden einzelner Leute oder Kameradschaften zur Sprache bringen dürften, nicht nur Gegenstände allgemeiner Natur. „Die jetzigen Befugnisse seien so gering", heißt es im Protokoll, „daß die Stellung der Vertrauensleute der Belegschaft gegenüber keine angenehme sei, und die Einrichtung sich keines großen Ansehens bei derselben erfreue". Der Werksdirektor aber ließ sich auf keine Diskussionen in diesem Punkt ein, übergab stattdessen jedem Mitglied ein Exemplar der Bestimmungen mit dem Bemerken, es sei noch nicht zu übersehen, ob diese künftig zu ändern sein würden.[50]

In der Sitzung vom 13. Mai 1892 erhoben die Vertrauensleute Einspruch gegen die Herabsetzung der Gedinge, eine zweifellos in ihre Kompetenz fallende Angelegenheit, worauf der Werksdirektor erklärte, es handele sich lediglich darum, „an Stellen, wo das Gedinge unverhältnismäßig hoch stehe, im Vergleich zur Leichtigkeit der Arbeit, Ermäßigungen eintreten zu lassen. Die Löhne seien auf der hiesigen Berginspektion, und speziell auf Altenwald, im Vergleich zu den übrigen Gruben des Reviers besonders hoch", daher bestünde kein Grund zur Klage.[51] Nun standen die Löhne im Frühjahr 1892 in der Tat noch ziemlich hoch, nur hatten sie zuvor in den beiden Jahren des Booms noch höher gelegen, wodurch die Kürzungen für den Bergmann schmerzlich fühlbar wurden.

Die Vertrauensleute wiederholten am 7. Juli und am 25. August ihre Beschwerde über die Reduktion der Gedinge und fügten hinzu, daß bei einer weiteren Herabsetzung der Gedinge „die Unzufriedenheit in der Belegschaft voraussichtlich zu einem unerwünschten Ausbruch führen würde", wie es dann ja auch wirklich geschah, wiewohl die Lohnfrage, wie früher gezeigt, nicht der einzige Streikgrund gewesen ist. Der Werksdirektor erwiderte, daß die Klagen über einen zu niedrigen Verdienst unbegründet seien, denn der Durchschnittslohn eines Hauers im Gedinge stehe immer noch über 4,50 M, und im übrigen sei der Hinweis auf einen drohenden Ausstand nicht geeignet, „eine Verbesserung der Lohnverhältnisse zu erreichen oder eine Herabsetzung der Gedingen zu verhindern, wenn eine solche nach Maßgabe der Arbeitsverhältnisse sich als unabweislich ergeben sollte".[52]

Eine weitere Beschwerde der Vertrauensleute, die auch in der Folgezeit immer wieder vorgebracht wurde, war die über eine zu harte Bestrafung wegen „unreiner Förderung", worunter man verstand, daß die Kohle zu sehr mit Bergen vermischt war. Der Werksdirektor wies aber darauf hin, daß im Interesse der Absatzfähigkeit der Kohle unbedingt auf reine Förderung gehalten werden müsse, und dies sei erfahrungsgemäß nur bei strenger Bestrafung entsprechenden Fehlverhaltens erreichbar.

---

50 ebenda, p. 59 f.
51 ebenda, p. 62.
52 ebenda, p. 76.

Kurz vor Ausbruch des Streiks, am 13. Dezember 1892, führten die Vertrauensleute abermals Klage über die Herabsetzung der Gedinge, dem der Werksdirektor entgegenhielt, daß der Verdienst immer noch „recht gut" sei, womit er objektiv nicht unrecht hatte, und die Belegschaft könne zufrieden sein, wenn nicht weitere Herabsetzungen notwendig würden. Im übrigen warnte er vor der Teilnahme an Streiks, die für jeden Bergmann selbst und seine Familie „schlimme Folgen" haben könnten.[53]

Der große Streik fand gleichwohl statt, in dessen Gefolge auch etliche Vertrauensmänner abgelegt worden waren, so daß Ersatzwahlen notwendig wurden, auch auf Sulzbach-Altenwald. Am 11. Juli 1893 versammelte sich der Ausschuß in seiner neuen Zusammensetzung. Inzwischen war auch die neue Arbeitsordnung in Kraft getreten, in der die Mitwirkung der Vertrauensleute in folgenden Angelegenheiten ausdrücklich vorgeschrieben war:[54]

1. die Zulassung von Ausnahmen bei der Verpflichtung minderjähriger, einheimischer Bergleute, bei den Eltern zu wohnen;

2. das Verbot unsittlicher oder ungesunder Quartiere für Minderjährige;

3. das Verbot der Schlepperzeit über 6 Jahre hinaus;

4. das Aufrücken von Lehrhauern zu Vollhauern;

5. die Festlegung der An- und Abfahrt vor und nach Sonn- und Feiertagen;

6. die Anordnung von Über- und Nebenschichten;

7. die Wahl eines Wiegekontrolleurs. Dabei wurde festgestellt, daß die Belegschaft bis dahin von dem Recht der Anstellung eines eigenen Wiegekontrolleurs über Tage keinen Gebrauch gemacht hatte;

8. die Auszahlung des Lohnes an Minderjährige, was nach der neuen Arbeitsordnung nur noch auf Antrag des Vaters, des Vormundes oder der Polizei zulässig war.

Dagegen blieb den Vertrauensleuten bei der An- oder Ablegung von Bergleuten jede Mitwirkung versagt, vor allem dann, wenn es sich dabei um Maßregelungen handelte. So erklärte ihnen der Bergwerksdirektor, daß die Bestimmung darüber, „ob und welche aus Anlaß des Streiks entlassenen Leute zur Arbeit wieder zuzulassen seien, wie über den Zeitpunkt einer Wiederanlegung lediglich Sache der Verwaltung sei". Dem Wunsche der Vertrauensleute, alle wieder anzulegen, entgegnete der Direktor, daß alle, die sich beim Streik in irgendeiner Weise „hervorgetan" hätten, jedenfalls von einer Wiederanlegung ausgeschlossen seien. Bei den Übrigen richte sich Umfang und Zeitpunkt der Wiederanlegung nach den Absatzverhältnissen.

In der Sitzung vom 17. Oktober 1893 stand abermals die Frage der unreinen Förderung im Mittelpunkt der Debatte. Der Werksdirektor stellte fest, daß trotz strenger Bestrafung die Förderung unreiner Kohlen nicht nachlasse, und er ermahnte die Vertrauensmänner,

---

[53] ebenda, p. 87.
[54] ebenda, p. 91 ff.

bei ihren Kollegen auf größere Sorgfalt zu dringen, widrigenfalls man zu noch schärferen Maßnahmen greifen müsse.[55] Die Vertrauensleute dagegen suchten das Verhalten ihrer Kollegen zu entschuldigen und brachten zu deren Entlastung vor:

1. würden die Bergewagen häufig nicht ganz ausgeleert, so daß die Kohle, die anschließend hineingeladen werde, notwendigerweise unrein, mit Bergen vermischt sei;

2. fielen teils auch Berge vom Hangenden in die Wagen;

3. würden nicht immer die Nummern der Bergewagen ausgelöscht, so daß diese dann den betreffenden Kameradschaften als Kohlewagen angerechnet werden;

4. verhindere manchmal auch der Pulverdampf, wenn er nur langsam abziehe, ein sorgfältiges Reinhalten der Förderung.

Der Werksdirektor erwiderte, das alles könne in Einzelfällen eine Rolle spielen, erkläre aber nicht die große Zahl unreiner Wagen, wie sie in letzter Zeit zu Tage geschickt würden. Dahinter stecke, wenn schon nicht Absicht, dann jedenfalls eine „unerhörte Gleichgültigkeit und Unachtsamkeit". Daran änderte sich jedoch nichts, das Problem stand fast in jeder Sitzung des Ausschusses auf der Tagesordnung.

Die Vertrauensleute hingegen dürften wenig Neigung verspürt haben, sich für die Interessen der Werkleitung einspannen zu lassen, so lange ihnen eine echte Mitwirkung oder gar Mitentscheidung in allen wirklich wichtigen Angelegenheiten versagt blieb. So machten sie denn auch aus ihrer Enttäuschung über ihre mißliche Lage kein Hehl und trugen in der Sitzung vom 16. Januar 1894 vor, daß die ganze Einrichtung im Grunde wenig zu bedeuten hätte, da auf ihre Wünsche und Anregungen zu wenig Rücksicht genommen werde, das zeige sich beispielsweise in der Frage der Wiederanlegung gemaßregelter Bergleute ebenso wie in der Lohnfrage.[56]

Deshalb sei auch, wie die Vertrauensmänner in der nächsten Sitzung vom 12. April 1894 deutlich machten, das Interesse der Belegschaft an der Einrichtung „nicht mehr so lebhaft" wie früher, zumal feststehe, daß Vertrauensleute unter Umständen wegen ihrer Tätigkeit in dieser Eigenschaft entlassen würden, wie es im Falle eines gewissen Peter Klein geschehen sein soll. Zudem habe man ihnen untersagt, Versammlungen abzuhalten, um die Kollegen über die Ergebnisse in den Ausschußsitzungen zu unterrichten. Wenn aber gesagt werde, an der Arbeitsordnung werde sich schon deshalb vorläufig nichts ändern, weil sie ja unter Mitwirkung der Arbeiter-Ausschüsse zustande gekommen sei, so sei dies zwar formell richtig, aber nicht materiell, denn wenn die Wünsche der Vertrauensleute berücksichtigt worden wären, dann hätte die Arbeitsordnung ganz anders ausgesehen.[57]

Der Werksdirektor entgegnete, daß die Belegschaft, wenn sie tatsächlich geringes Interesse an der Arbeit der Vertrauensleute zeige, die Bedeutung der zu ihrem Vorteil geschaffenen Ausschüsse verkenne. Es werde auch kein Vertrauensmann wegen seiner Tätigkeit

---

[55] ebenda, p. 125.
[56] ebenda, p. 131 f.
[57] ebenda, p. 143 ff.

als solcher abgelegt, das angezogene Beispiel sei verfehlt, denn die Entlassung des Peter Klein sei aus gänzlich anderen Gründen erfolgt, wie übrigens allgemein bekannt sei; öffentliche Versammlungen abzuhalten, sei aber vollkommen unnötig, da ja die Vertrauensmänner täglich mit denjenigen, von denen sie gewählt wurden, zusammen kämen und somit hinreichend Gelegenheit hätten, über ihre Arbeit im Ausschuß zu informieren.

Was aber schließlich die Arbeitsordnung angehe, so seien die Arbeiter-Ausschüsse vor deren Erlaß gehört worden, daß nicht alles nach deren Wunsch gegangen sei, verstehe sich von selbst, etwas anderes sei auch nie behauptet worden. Den Vertrauensleuten blieb nichts weiter übrig als zu versuchen, aus den Gegebenheiten das Beste zu machen. Sie trugen immer wieder in den Ausschußsitzungen ihre Gravamina vor, die hier naturgemäß nicht alle erörtert werden können, konnten indessen auch in diesem bescheidenen Rahmen kaum etwas bewegen oder bewirken.

Ein öfter diskutiertes Problem war die Entlohnung der älteren, nicht mehr voll arbeitsfähigen Bergleute, deren Verdienst nach Ansicht der Vertrauensleute zu niedrig war. Sie hätten sich, wie ein Vertrauensmann in der Sitzung vom 19. Juni 1894 vortrug, im Dienste des Fiskus „aufgeopfert" und wären nun infolge viel zu niedriger Löhne „nahe daran, mit ihren manchmal recht zahlreichen Familien zu verhungern".[58] Dies sei umso weniger in Ordnung, als nach dem Willen Sr. Maj. des Kaisers die Saargruben zunächst für die Arbeiter da wären, um diesen ein sicheres Auskommen zu gewährleisten, eine etwas überzogene Interpretation des kaiserlichen Erlasses vom 4. Februar 1890, in welchem es geheißen hatte, daß die staatlichen Bergwerke „bezüglich der Fürsorge für die Arbeiter zu Musteranstalten entwickelt" werden sollten.[59]

Nach Ansicht des Sulzbacher Vertrauensmannes brauchten die von der Grube erzielten Überschüsse so hoch nicht zu sein, wie sie es regelmäßig wären, stattdessen sollte man die Gewinne dazu benutzen, jenen älteren Bergleuten einen auskömmlicheren Lohn zukommen zu lassen. Solche Zustände seien es gerade, welche die Unzufriedenheit der Bergleute erregten und sie in die Arme der Sozialdemokratie trieben.

Der Werksdirektor trat dem mit Entschiedenheit entgegen und wies insbesondere den Ausdruck „verhungern" als maßlos übertrieben zurück, machte vielmehr geltend, daß die alten, „beinahe bergfertigen" Leute im Grunde nur aus sozialen Rücksichten weiter beschäftigt würden, während man sie im wirtschaftlichen Interesse der Grube eigentlich in den Ruhestand schicken müßte. Der Lohn aber, den sie erhielten, müsse, gemessen an ihren nur noch geringen Leistungen, als „reichlich" bezeichnet werden. Die Vertrauensleute sollten den alten und halbinvaliden Bergleuten lieber klar machen, daß sie dankbar sein könnten, wenn sie trotz ihrer geringen Arbeitskraft überhaupt noch beschäftigt würden und 3,00 M Lohn erhielten. Damit würden sie, die Vertrauensmänner, der sozialdemokratischen Agitation eher entgegenwirken als durch ungerechtfertigte Beschwerden.

---

[58] ebenda, p. 156.
[59] K.-M. Mallmann, a.a.O., S. 183.

Gleichwohl brachten die Vertrauensleute das Thema immer wieder zur Sprache, doch sie erhielten sinngemäß immer wieder die gleiche Antwort: die Bergleute würden nicht nach ihren Familienverhältnissen, sondern nach ihrer Leistung bezahlt. Man beschäftige überdies die alten Leute so lange wie möglich, und der ihnen gewährte Schichtlohn sei angesichts der meist nur noch geringen Leistung schon ein Ausdruck des Wohlwollens der Bergverwaltung.[60]

Eine ebenfalls immer wieder vorgebrachte Beschwerde betraf den Lohn der jüngeren Bergleute, der Schlepper und Lehrhauer, die nach Ansicht der Vertrauensleute zu wenig verdienten, so daß sie sich kaum selbst durchschlagen, viel weniger die Eltern unterstützen oder gar sparen könnten.[61] Darüber hinaus wurde von den Vertrauensleuten wiederholt angeregt, die Ausbildungszeit – 6 Jahre Schlepper, 2 Jahre Lehrhauer – zu verkürzen, damit die jungen Leute früher zu ihrem vollen Lohn kämen. Die Werksdirektion hingegen war der Meinung, daß eine Abkürzung der Lehrzeit nicht angängig sei, „da sonst der Zweck, die Leute zu tüchtigen Bergleuten heranzubilden, nicht erreicht werde, und dann durch den Mangel an Ausbildung die Unglücksfälle sich vermehren würden".[62]

Die Bezahlung aber sei im ganzen ausreichend, und schließlich könnten die noch in der Ausbildung befindlichen jungen Leute nicht den gleichen Verdienst beanspruchen wie die älteren, erfahrenen Arbeiter. Auch sei es aus wirtschaftlichen Gründen nicht richtig, den jungen Leuten schon ebenso viel Geld in die Hand zu geben, wie sie später in der Ehe benötigten, und 24 Jahre – das Alter, in welchem die Lehrzeit eines Bergmannes im allgemeinen zu Ende war – sei ein Lebensalter, unter welchem niemand heiraten sollte. Wenn aber gesagt werde, der Schlepperlohn sei so niedrig, daß die Eltern an ihrem Sohn nicht nur keine Stütze hätten, sondern im Gegenteil ihn noch unterstützen müßten, so sei das für den Anfang zwar richtig, könne aber im ganzen so schlimm nicht sein, sonst würden die Eltern sich nicht so sehr bemühen, ihre Söhne auf der Grube unterzubringen.

Auch in diesem Falle setzten sich die Vertrauensleute mit ihren Wünschen und Vorstellungen nicht durch, wie überhaupt ihre Wirkungsmöglichkeiten begrenzt waren, denn selbst in den oben angeführten Angelegenheiten, in denen ihre Mitwirkung laut Arbeitsordnung ausdrücklich vorgeschrieben war, lag doch die Entscheidung letztlich bei der Werksdirektion, die dabei natürlich in allen wichtigen Fragen den Gesichtspunkt der Wirtschaftlichkeit in den Vordergrund rückte und zu Konzessionen nur bereit war, wenn diese nicht gefährdet erschien.

In den Ausschußsitzungen bestimmte, wie schon gesagt, allein der Werksdirektor als Vorsitzender die Tagesordnung, und es lag ganz in seinem Ermessen, ob Gegenstände, deren Diskussion die Vertrauensleute wünschten, auf die Tagesordnung kamen oder nicht. In der Sitzung vom 3. August 1900 hatten beispielsweise die Vertrauensleute Lohnprobleme zur Sprache bringen wollen, doch der Werksdirektor hatte den Punkt von der Tagesordnung gestrichen mit der Begründung, daß die Schichtlöhne – gemeint waren die Zeitlöhne

---

[60] LAS, Best. 564, Nr. 808, p. 197f.
[61] So in der Sitzung vom 26. September 1894: ebenda, p. 163.
[62] ebenda, p. 302.

– bekanntlich von der Bergwerksdirektion festgesetzt würden, und wie die Gedingelöhne – also die Leistungslöhne – zustande kämen, sei ja jedem Bergmann bekannt, daher erübrige sich jede Diskussion.[63]

Welchen Sinn die Vertrauensmänner-Ausschüsse eigentlich haben sollten, ist demnach schwer erkennbar, denn als Ventil für sozialen Unfrieden konnten sie kaum dienen, als Quelle der Information für die Werksdirektion vielleicht, doch um die Stimmung unter den Bergleuten zu erkunden, hätte man dieser Ausschüsse sicherlich nicht bedurft.

b) die Schlafhäuser

Auch während der hier zu betrachtenden zwei Jahrzehnte blieb es notwendig, einen beträchtlichen Teil der Belegschaft in Schlafhäusern unterzubringen, denn die Privatquartiere waren nach wie vor knapp, die Wohnungsmieten relativ hoch, eine Ansiedlung nicht in allen Fällen möglich, und viele Bergleute wollten ihre Wohnsitze auch gar nicht verlassen, wenn die Grube nicht zu weit entfernt lag, so daß eine Heimfahrt am Wochenende möglich war. In den 5 Schlafhäusern – eins in Sulzbach, vier in Altenwald – waren untergebracht[64]:

Jahr	Schlafhausbewohner	Belegschaft	% der Belegschaft
1880/81	794	2 383	32,9
1881/82	780	2 361	33,0
1882/83	777	2 402	32,4
1883/84	813	2 567	31,8
1884/85	894	2 592	34,5
1885/86	840	2 641	31,8
1886/87	829	2 629	31,5
1887/88	829	2 619	31,5
1888/89	850	2 675	31,7
1889/90	853	2 842	30,0
1890/91	776	2 520	30,8

Im Rechnungsjahr 1891/92 wurde das Sulzbacher Schlafhaus abgebrochen und die Altenwalder Schlafhäuser 2 und 3 geräumt, so daß in den beiden übrigen Altenwalder Schlafhäusern nur 427 Bergleuten Unterkunft gewährt werden konnte, ohne daß den Akten zu entnehmen wäre, wo die übrigen rund 300 Bergleute geblieben sind. An der Stelle des alten Sulzbacher Schlafhauses wurde im Jahre darauf ein neues Amtsgebäude errichtet. Die beiden geräumten Altenwalder Schlafhäusern wurden 1892/93 abgebrochen, in den beiden verbleibenden Häusern waren 377 Leute untergebracht.[65] Für die Jahre 1893 – 1900 sind leider keine Daten überliefert.

---

[63] ebenda, p. 383 f.
[64] Zusammengestellt nach LAS, Best. 564, Nr. 141, p. 161 ff.
[65] ebenda, p. 198, 200 f.

c) das Ansiedlungswesen

Der Bau von Prämienhäusern war schon seit Mitte der 70er Jahre merklich zurückgegangen, und die Bautätigkeit setzte sich auch während der zwei Jahrzehnte von 1880 –
1900 nur in bescheidenem Rahmen fort, sie erreichte bei weitem nicht mehr den Umfang
der 50er und 60er Jahre, nicht zuletzt wohl deswegen, weil geeignete Bauplätze inzwischen knapp und damit zugleich teuer geworden waren. Insgesamt zeigt die Siedlungstä-
tigkeit folgendes Bild:[66]

Jahr	Anzahl der bewilligten		Fertiggestellte
	Prämien	Vorschüsse	Häuser
1880/81	6	—	—
1881/82	—	—	6
1882/83	—	—	6
1883/84	—	—	6
1884/85	—	—	8
1885/86	8	8	—
1886/87	8	8	—
1887/88	—	—	8
1888/89	—	—	8
1889/90	—	—	2
1890/91	5	5	—
1891/92	2	2	—
1892/93	—	—	2
1893/94	2	2	—
1894/95	1	1	—
1895/96	2	2	—
1896/97	2	2	—
1897/98	—	—	—
1898/99	—	1	—
1899/1900	2	2	—

[66] Zusammengestellt nach LAS, Best. 564, Nr. 141, P. 161 ff.

IV. Von der Jahrhundertwende bis zum Ende des Ersten Weltkrieges

Die Konjunktur der späten 90er Jahre setzte sich nach der Jahrhundertwende fort und hielt fast unvermindert bis zum Ausbruch des Ersten Weltkrieges an: die Förderung nahm kontinuierlich zu und überschritt im Rechnungsjahr 1904/05 die Millionen-Tonnen-Marke, die an den Fiskus abgelieferten Überschüsse waren beträchtlich. Nur in den Jahren 1903/04 und 1909/10 zeigte sich eine leichte Abkühlung, die bei relativ hohen Selbstkosten und rückläufigem Kohlenpreis zu einer Verminderung der Überschüsse führte.

Der Kriegsausbruch hatte für die Grube Sulzbach-Altenwald natürlich sofort nachhaltige Folgen: durch Einberufungen zum Wehrdienst schrumpfte die Belegschaft bis 1915 auf beinahe die Hälfte, und in gleichem Umfang ging auch die Förderung zurück. In den letzten beiden Kriegsjahren gelang es, durch Reklamationen und den Einsatz von Kriegsgefangenen die Förderung zu heben, doch erreichte sie bei weitem nicht das Vorkriegsniveau. Schon am Ende des ersten Kriegsjahres hatte Sulzbach-Altenwald zahlreiche Kriegsopfer zu beklagen: von der Grubenbelegschaft waren bis Ende 1914 bereits 151 Bergleute gefallen, ein Jahr später war die Zahl auf 239 gestiegen, dazu kamen 79 Kriegsbeschädigte; Ende 1917 waren es 291 Gefallene und 214 Kriegsbeschädigte.[1]

Betriebsorganisatorisch änderte sich während dieser Jahrzehnte nichts, an die Spitze der Inspektion V trat 1901 Hermann Stöcker,[2] der zuvor zwei Jahre Berginspektor bei der Inspektion I, Kronprinz gewesen war. Ihm folgte 1908 Dr. Brunzel, der zwei Jahre später zum Bergrat, 1915 zum Oberbergrat befördert wurde und 1916 die Leitung der Grube König übernahm. In den letzten vier Jahren leitete die Inspektion ein gewisser Bergrat Lange, über dessen Person nichts weiter auszumachen war.

1. Der technische Betrieb

Um die Jahrhundertwende waren auf Sulzbach-Altenwald insgesamt 22 bauwürdige Flöze von 0,60 – 2,10 m Kohlenmächtigkeit aufgeschlossen. Die Abteilung Sulzbach wies folgende technische Anlagen auf:[3]

1. Die Mellinschächte I und II, in 24 m Entfernung voneinander an der Eisenbahnstrecke Saarbrücken-Bingerbrück abgeteuft bis zur 4. Tiefbausohle bei 362 m unter der Hängebank. Sie dienten der Förderung und Wasserhaltung sowie als einziehende Wetterschächte, aushilfsweise auch zur Seilfahrt. Sie waren ausgestattet mit 2 Förder-

---

[1] LAS, Best. 564, Nr. 141, p. 254, 256, 262.
[2] Hermann Stöcker (1860 – nach 1935), 1893 Bergassessor in Bonn, 1898 Berginspektor auf Kronprinz, 1900 Hilfsarbeiter im Handelsministerium, 1901 Bergwerksdirektor in Sulzbach, 1904 Bergrat, 1908 als Oberbergrat an das Oberbergamt Dortmund versetzt, 1924 Direktor des Oberbergamtes Dortmund, 1925 Ruhestand.
[3] Das Folgende nach den Ökonomieplänen für 1899/1901: LAS, Best. 564, Nr. 1782, p. 369 ff., 558 ff. und Nr. 1783, p. 92 ff.

maschinen von je 270 PS, Rätteranlage, Schachthalle, eisernen Seilscheibengerüsten, Kohlenwäsche, Werkstatt, Kesselanlage und Materialmagazin. Auf der 4. Sohle befanden sich zwei unterirdische Wasserhaltungsmaschinen, die je 1,8 m³ pro Minute hoben.

2. Die Venitzschachtanlage mit dem Venitzschacht und dem Venitzstollen, der zur Abfuhr von Tageswasser und teilweise, auf kurze Entfernung, auch noch zur Ein- und Ausfahrt benutzt wurde. Der Venitzschacht war bis zur 3. Tiefbausohle (300 m unter Tage) abgeteuft und diente der Seilfahrt, dem Einhängen von Materialien, der Beförderung von Bergen und Kohlen zwischen den einzelnen Sohlen; er diente ferner als einziehender Wetterschacht, nur aushilfsweise auch der Wasserhaltung. Der Schacht war ausgerüstet mit einer Fördermaschine, einer Balancier-Wasserhaltungsmaschine über Tage sowie Kesselanlage und Sägewerk und, last not least, einer „Badeanstalt" für die Belegschaft.

3. Der Lochwiesschacht, bis zur 3. Tiefbausohle abgeteuft, diente als ausziehender Wetterschacht, war daher mit einem Kley-Ventilator von 2 400 m³ Leistung pro Minute ausgerüstet sowie einem älteren Guibal-Ventilator als Reserve. Eine kleine Fördermaschine diente der Hebung von Nahrungskohlen.

4. Der bis zur 2. Sohle reichende Wetterofenschacht diente lediglich als ausziehender Wetterschacht.

Die Grube Altenwald war mit folgenden technischen Anlagen ausgestattet:

1. Die Eisenbahnschächte I und II, ebenfalls in 24 m Entfernung voneinander an der Eisenbahnlinie Saarbrücken-Bingerbrück gelegen, waren bis zu 5. Tiefbausohle bei 435 m unter der Hängebank abgeteuft. Sie dienten der Förderung und Seilfahrt sowie als einziehende Wetterschächte, aushilfsweise auch der Wasserhaltung, und waren ausgerüstet mit 2 Fördermaschinen von je 1 000 PS Leistung, einer Wasserhaltungsmaschine über Tage mit einer Kapazität von 2,5 m³ pro Minute, einer Dynamomaschine, eisernen Seilscheibengerüsten, Rätteranlage, Schachthalle, Werkstatt, Kesselanlage, Materialmagazin und einer Badeanstalt für die Belegschaft.

2. Die Gegenortschachtanlage mit dem Gegenortschacht und dem Flottwellstollen, der inzwischen verlassen war. Der Schacht aber war bis zur 5. Tiefbausohle abgeteuft und diente der Seilfahrt, dem Einhängen von Materialien, der Beförderung von Bergen und Kohlen zwischen den Sohlen sowie als einziehender Wetterschacht, aushilfsweise auch der Wasserhaltung. Er war ausgerüstet mit einer Fördermaschine, einer Wasserhaltungsmaschine über Tage, natürlich der notwendigen Kesselanlage sowie einer Gasanstalt.

3. Der Moorbachschacht, bis zu 3. Sohle bei 311 m unter Tage abgeteuft, diente als ausziehender Wetterschacht und war deshalb mit einem Pelzer-Ventilator von 2 400 m³ pro Minute Leistung und 2 zusammenwirkenden Guibal-Ventilatoren als Reserve ausgerüstet. Die kleine Fördermaschine diente der Hebung von Nahrungskohlen.

4. Der Kolonieschacht, bis zur 5. Sohle abgeteuft, diente lediglich als einziehender Wetterschacht sowie zur Beförderung von Bergen und Kohlen von einer Sohle zur anderen, war deshalb nur mit einer kleinen Fördermaschine ausgerüstet.

5. Der Hermannschacht, bis zur 4. Sohle bei 373 m unter Tage abgeteuft, fungierte als ausziehender Wetterschacht für das Ostfeld der Grube und war mit einem Kley-Ventilator von 2400 m³ Leistung pro Minute ausgerüstet sowie einer kleinen Fördermaschine zur Hebung von Nahrungskohlen.

6. Der flache Schacht, der im Flözeinfallen bis zur 4. Sohle hinabführte und als einziehender Wetterschacht diente.

Auf Sulzbach war die Venitzstollensohle vollständig verhauen und verlassen, die Saarsohle gelangte allmählich zum Verhieb und diente vornehmlich der Wetterführung für einen kleinen Feldesteil, während der Abbau auf den Sohlen 1 – 4 umging, hauptsächlich aber auf der 3. und 4. Tiefbausohle; die Ausrichtung der 5. Sohle war bereits in Aussicht genommen. Auf Altenwald waren sowohl die Flottwellstollen als auch die Saarstollensohle vollständig verhauen und verlassen, die 1. Tiefbausohle diente nur noch der Wetterführung, während der Abbau auf den Sohlen 2 – 5 sich bewegte, hauptsächlich aber auf der 4. und 5. Sohle.

In den nächsten Jahren verlagerte sich der Abbau naturgemäß immer mehr zu den tieferen Sohlen hin: im Jahre 1908 begann auch Sulzbach aus der 5. Sohle zu fördern,[4] während in Altenwald der Schwerpunkt der Förderung bereits in der 5. Sohle lag. Wie sich die Förderung auf die einzelnen Sohlen verteilte, ist für die Jahre 1912 – 1920 glücklicherweise wieder überliefert:[5]

Förderung Sulzbach

Rechnungs-jahr	Saarsohle to	1. Sohle to	2. Sohle to	3. Sohle to
1912/13	10488,5	46323	1307,5	59232,5
1913/14	13242	44131	—	78529
1914/15	9045,5	20130	4264	66932
1915/16	9976,5	21556	4718	57631
1916/17	9725,5	25545,5	4735,5	60417,5
1917/18	4937,5	22988,5	3022	61933
1918/19	399,5	18802,5	5441	42440,5
1919/20	keine Angaben	keine Angaben	keine Angaben	keine Angaben
1920[6]	4	9053,5	7577	40385,5

[4] LAS, Best. 564, Nr. 1784, p. 674.
[5] Zusammengestellt und errechnet nach den Angaben in LAS, Best. 564, Nr. 1887, p. 61 ff., 203 ff., 319 ff., 446 ff., 569 ff., 686 ff., 793 ff., 891 ff. für Sulzbach.
Best. 564, Nr. 1888, p. 63 ff., 210 ff., 320 ff., 440 ff., Nr. 1889, p. 9 ff., 75 ff., 143 ff., 269 ff., 399 ff. für Altenwald.
[6] Für die Zeit vom 1. 4. – 31. 12.

Rechnungs-jahr	4. Sohle to	5. Sohle to	6. Sohle to	Insgesamt to
1912/13	323 440,5	45 489,5	—	486 281,5
1913/14	319 709	42 615,5	—	498 226,5
1914/15	206 283	20 348	—	327 002,5
1915/16	185 196	29 046	—	308 123,5
1916/17	188 884	49 108	—	338 415,5
1917/18	179 330	104 687	861,5	377 759,5
1918/19	169 120	115 255	—	351 458,5
1919/20	keine Angaben	keine Angaben	keine Angaben	keine Angaben
1920[6]	103 738	85 438	6 914	253 190

Aus vorstehender Tabelle ergibt sich, daß die Förderung aus den einzelnen Sohlen anteilmäßig in folgender Weise sich verschob:

Anteilmäßige Förderung der Sohlen (in %)

Jahr	Saarsohle	1. Sohle	2. Sohle	3. Sohle	4. Sohle	5. Sohle
1912/13	2,0	9,5	0,3	12,0	67,0	9,2
1920	—	3,5	3,0	16,0	41,0	34,0

Förderung Altenwald

Rechnungs-jahr	2. Sohle to	3. Sohle to	4. Sohle to	5. Sohle to	Insgesamt to
1912/13	75 297,5	163 927	213 717,5	345 030	797 972,5
1913/14	51 915	191 435	254 993	328 485	826 828
1914/15	24 899,5	91 416	190 774	220 070,5	527 160
1915/16	4 302	68 245	195 280	213 279	481 106
1916/17	29 708	100 428,5	203 978,5	252 824,5	586 939,5
1917/18	32 456	135 868,5	252 184,5	245 687	666 196
1918/19	23 397,5	97 990,5	251 171	239 485	612 044
1919/20	23 000,5	81 644	202 647,5	258 868,5	566 160,5
1920[7]	26 230	61 012	150 417,5	192 925,5	430 585

Anteilmäßige Förderung der Sohlen (in %)

Jahr	2. Sohle	3. Sohle	4. Sohle	5. Sohle
1912/13	9,5	20,5	26,8	43,2
1920	6,0	14,2	34,8	45,0

---

[7] 1. 4. – 31. 12.

Während die Kohlegewinnung, die Arbeit vor Ort, immer noch weitgehend manuell erfolgte, was unschwer an der Tatsache zu erkennen ist, daß die Schichtleistung, ungeachtet beträchtlicher jährlicher Schwankungen, sich immer noch auf dem gleichen Niveau bewegte wie in den Jahrzehnten zuvor, wurde für den Bergeversatz ein Verfahren entwickelt und angewendet, das die Versatzarbeit mechanisierte und effektiver gestaltete: das Spülversatzverfahren. Nachdem man in Schlesien und an der Ruhr mit diesem Verfahren bereits gute Ergebnisse erzielt hatte, wurde im Saarrevier diese technische Neuerung zuerst auf Sulzbach-Altenwald eingeführt, und zwar im Jahre 1903.

Das Verfahren besteht darin, daß man die Versatzmassen – Sand, Waschberge, Kesselasche, gekörnte Hochofenschlacke und dergleichen – mit Wasser vermengt, mit hohem Druck durch eine Rohrleitung in die Abbauörter fließen läßt, wo die Versatzmasse durch einen Berge- oder Bretterdamm festgehalten wird, während das Wasser abfließen kann. Das Wasser bewirkt einmal eine schnellere Beförderung der Versatzmasse zum Abbaufeld, und durch den hohen Druck zugleich eine vollständige und dichte Ausfüllung der durch die Ausgewinnung der Kohle entstandenen Hohlräume. Daher wurde das Verfahren besonders dort angewendet, wo Grubenschäden über Tage vermieden werden sollten, also beim Abbau unter Ortschaften. Da nun der Abbau auf Sulzbach-Altenwald zum großen Teil unter einer dicht bebauten Tagesoberfläche umging, wurde hier zuerst das Spülversatzverfahren eingeführt.

In der Nähe des Moorbachschachtes der Grube Altenwald wurde zu diesem Schacht hin eine einfallende Tagesstrecke hergestellt zur Aufnahme der Rohrleitung, deren Verlegung noch im gleichen Jahre (1903) soweit gediehen war, daß „an einigen Betriebspunkten der Sandversatz schon in Anwendung kommen konnte".[8] Im nächsten Jahre wurden auch auf der Grube Sulzbach, am Venitzschacht und an den Mellinschächten, Spülversatzeinrichtungen eingebaut, eine weitere im Jahre 1905 am Lochwiesschacht. Im Jahre 1906 wurden in beiden Grubenabteilungen bereits insgesamt 112 689 m³ Berge, Asche und Sand mit dem Spülverfahren eingeschlemmt, die Gesamtlänge der Rohrleitungen betrug 12 922 m, etwa 15 % der Förderung erfolgte unter Einsatz des Spülverfahrens.[9] Dies hatte übrigens zugleich eine Veränderung der Abbauverfahren zur Folge: man ging zunehmend vom Streb- und Pfeilerbau zum Stoßbau über, weil insbesondere der streichende Streb- und Pfeilerbau sich weniger als der Stoßbau zur Anwendung des Spülverfahrens eignete, dessen wachsende Bedeutung folgende Zahlen deutlich machen:

---

[8] LAS, Best. 564, Nr. 141, p. 234.
[9] ebenda, p. 238, 240.

Förderung mit Spülversatz in % der Gesamtförderung[10]

Jahr	Sulzbach	Altenwald
1907	keine Angaben	32
1908	25,4	30
1909	37,8	30,3
1910	29,4	23,8
1911	26	25,5
1912	22	30,7
1913	21	36
1914	17	38
1915	17	44
1916	14	47
1917	12	46
1918	5,6	47

Zu dem Rückgang des Spülversatzes auf Altenwald in den Jahren 1910/11 heißt es in den Akten: „Da mehr Flöze abgebaut wurden, über denen die Tagesoberfläche eines besonderen Schutzes nicht bedarf, ging die mit Spülversatz abgebaute Kohlenmenge auf 23,8 % ... zurück".[11] Das heißt aber, daß das Spülverfahren nur dann angewendet wurde, wenn es sich als notwendig erwies, sonst griff man auf die traditionellen Verfahren zurück, einfach weil das Spülversatzverfahren teurer war; daher auch die rückläufigen Ziffern für Sulzbach.

Einen technischen Fortschritt bedeutete auch der Einsatz von Benzinlokomotiven auf Altenwald seit Februar 1905 zur Förderung in der Hauptförderstrecke und den Querschlägen auf der 5. Sohle; sie stammten von der Gasmotorenfabrik Deutz und waren mit einer 8-PS Dieselmaschine ausgerüstet.[12] Im Jahre 1906 waren 9 solcher Dieselloks im Betrieb, die man aus Kostengründen mit Benzol fuhr.

Ferner gewann in den beiden hier zu betrachtenden Jahrzehnten die Elektrizität als neue Kraftquelle immer mehr an Boden auf Kosten der Dampfmaschine. Nachdem schon 1894 auf Altenwald die erste elektrisch betriebene, unterirdische Wasserhaltungsanlage installiert worden war,[13] nahm man am 20. Juli 1902 eine zweite, ebenso konstruierte Anlage in Betrieb: die mit einem Drehstromgenerator gekoppelte Dampfmaschine wurde am Gegenortschacht aufgestellt, der erzeugte Strom per Kabel zur 5. Sohle hinabgeleitet zum Antrieb einer dort stationierten Pumpe, die 2 m³ pro Minute leistete.[14]

Im Jahre 1906 erhielt der zur Seilfahrt umgebaute Kolonieschacht auf Altenwald eine elektrische Fördermaschine, und am Moorbachschacht wurde der Pelzer-Ventilator sowie ein Förderhaspel mit elektrischem Antrieb versehen. Zudem erfolgte am Gegenort-

---

10 Zusammengestellt nach ebenda, p. 238 ff.
11 ebenda, p. 246.
12 ebenda, p. 235; Ztschr. f. d. Berg-, Hütten- u. Salinenwesen, 54, 1906, S. 258 f.
13 Siehe oben, S. 67.
14 Der Bergmannsfreund, 1902, Nr. 129, S. 1029 f.; Nr. 130, S. 1036 f.

schacht die Aufstellung einer Hochdruck-Zentrifugalpumpe für den Spülversatz, die ebenfalls elektrisch angetrieben wurde.[15] Im Jahre darauf erhielt Sulzbach eine elektrisch betriebene Schiebebühne für den Grubenbahnhof, die das Rangieren mit Pferden ersetzte; 1909 waren am Lochwiesschacht die elektrischen Anlagen fertig zum Betrieb eines Förderhaspels, eines Ventilators sowie einer Spülversatzpumpe,[16] und an den Mellinschächten wurde bei der Rätter- und Waschanlage der Dampfbetrieb durch den elektrischen ersetzt. Am Hermannschacht legte man die Kesselanlage kalt, weil der Ventilator sowohl als auch der Förderhaspel elektrischen Antrieb erhalten hatten. Der im Jahre 1910 am Mellinschacht installierte Ventilator lief ebenfalls elektrisch, und 1911 wurde die Altenwalder Kohlenwäsche und Separation elektrifiziert, desgleichen 1915 der Betrieb der Förderhaspel am Venitzschacht und am Altenwalder Gegnortschacht.

Neben der Elektrizität fanden in den letzten Jahren vor dem Ersten Weltkrieg auch mit Luftdruck betriebene Maschinen, insbesondere im Unter-Tage-Betrieb, zunehmend Verwendung, weil bei ihrem Einsatz die Brand- oder Explosionsgefahr am geringsten war. Deshalb wurden 1910 in Altenwald und 1912 in Sulzbach leistungsfähige Luft-Kompressionsanlagen errichtet. Gleichwohl lieferte den Löwenanteil aller benötigten Energie nach wie vor die Dampfmaschine: im Jahre 1909 waren auf Sulzbach-Altenwald insgesamt 61 Dampfmaschinen in Betrieb mit 7 706 PS, davon 19 ium Bergwerksbetrieb, also in erster Linie als Förder- und Wasserhaltungsmaschinen, die übrigen in den Nebenbetrieben über Tage.[17]

Das Vordringen in größere Abbautiefen erforderte selbstverständlich einen entsprechenden Ausbau der Schachtanlagen: im Jahre 1901 wurde auf Sulzbach neben den Mellinschächten ein neuer ausziehender Wetterschacht angesetzt, Mellinschacht III genannt, der 1903 die 3. Sohle erreichte und in Betrieb genommen wurde. Der dadurch überflüssig gewordene, weit weniger leistungsfähige Wetterofenschacht wurde abgeworfen und von der Saarsohle bis zu Tage zugefüllt.[18] Im Jahre 1904 erfolgte die Auszimmerung des Venitzschachtes von der 3. zur 4. Sohle, gleichzeitig wurde der mit einem Ventilator ausgestattete Mellinschacht III in der 5. Sohle unterfahren, um ihn von hier aus zur 4. Sohle aufzubrechen.[19] Erst 4 Jahre später waren die Arbeiten beendet, Mellin III bis 14 m unter der 5. Sohle abgeteuft, um den Schacht zur Seilfahrt benutzen zu können; zudem erhielt er ein eisernes Seilscheibengerüst, das zuvor am Kolonieschacht (Altenwald) gestanden hatte.

Im gleichen Jahre, 1908, begann man damit, den Mellinschacht I von der 5. zur 4. Sohle aufzubrechen und nachzureißen, zwei Jahre später waren die Arbeiten beendet und Mellin I bis zur 5. Sohle ausgemauert.[20] Der Schacht erhielt zudem 1919 ein neues Maschinengebäude, das eine leistungsfähigere Zwillingsfördermaschine aufnehmen sollte.[21] Der Mellinschacht II dagegen war 1910 erst zur 4. Sohle niedergebracht und ausgemauert.

---

[15] LAS, Best. 564, Nr. 141, p. 237.
[16] ebenda, p. 243.
[17] Ztschr. f. d. Berg-, Hütten- u. Salinenwesen, 58, 1910.
[18] LAS, Best. 564, Nr. 141, p. 232, 234.
[19] ebenda, p. 234.
[20] ebenda, p. 244.
[21] ebenda, p. 275.

Auf Altenwald war 1902 der Mathildeschacht bis zur 4. Sohle soweit fertiggestellt, daß er neben der Wetterführung zugleich auch der Seilfahrt dienen konnte;[22] er wurde dann 1911 in der 5. Sohle unterfahren und aufgebrochen, doch erst 1915 war das Nachreißen von der 5. bis zur 4. Sohle beendet, der Schacht 17 m unter die 5. Sohle abgeteuft zur Herstellung eines für die Seilfahrt erforderlichen Schachtsumpfes.[23] Von 1904–1906 wurde der Kolonieschacht für die Seilfahrt umgerüstet,[24] 1912 zwischen den Eisenbahnschächten von der 4. zur 3. Sohle ein blinder Schacht hergestellt, durch den die Förderung der 3. Sohle dem Eisenbahnschacht I in der 4. Sohle zugeführtt wurde.[25]

Besondere Aufmerksamkeit widmete man natürlich nach wie vor der Bewetterung, um Katastrophen wie die von 1884 zu vermeiden, wiewohl in dieser Hinsicht trotz aller Vorsicht und Sorgfalt eine totale Sicherheit niemals zu erreichen ist. Auf Sulzbach wurde zur besseren Wetterführung, wie schon erwähnt, der Mellinschacht III niedergebracht; auf Altenwald erfuhr die Bewetterung des Westfeldes eine wesentliche Verbesserung durch die Niederbringung des Mathildeschachtes zur 4. Sohle, der überdies mit einer Ventilatorenanlage ausgestattet war. Am Moorbachschacht wurde 1908 eine neue Ventilatoranlage installiert, während der Mathildeschacht 1910 einen elektrisch betriebenen Ventilator erhielt mit einer Leistung von 3000 m³ pro Minute,[26] wie überhaupt die Ventilatoren an den Wetterschächten nun zum größten Teil elektrisch angetrieben wurden.

Über größere Unfälle während der hier behandelten zwei Jahrzehnte ist in den Akten nichts überliefert, auch ist es offenbar nicht zu wesentlichen, durch technische Defekte verursachten Betriebsstörungen gekommen. Die Grube Sulzbach ist allerdings im Jahre 1919 nur knapp einem Desaster entgangen: die Grube hatte mit sehr starken Wasserzuflüssen zu kämpfen, die durch die Schneeschmelze sowie ungewöhnlich große Niederschlagsmengen hervorgerufen waren. Die Situation verschärfte dich dadurch, daß ausgerechnet in diesem Augenblick ein Motorendefekt bei der elektrischen Wasserhaltung zu einem zeitweiligen Stillstand der Pumpen führte, was die Gefahr eines Ersaufens der Grube heraufbeschwor. Doch „durch starke Inanspruchnahme der Altenwalder Pumpenreserve sowie durch Zurückhalten der Wasser in Staufeldern gelang es rechtzeitig, dieser Gefahr vorzubeugen".[27] Bei Übergabe der Grube an Frankreich, am 10. Januar 1920, war die elektrische Wasserhaltung nach Aufstellung eines Ersatzmotors wieder in Ordnung.

2. Der wirtschaftliche Betrieb

Um die lebhafte Nachfrage nach Steinkohlen zu befriedigen, war man genötigt, die Belegschaft im Jahre 1901 un 158 Mann, 1902 um 227 Mann, 1903 um 166 Mann zu vermehren,[28] während in den nächsten beiden Jahren infolge einer weniger stürmischen Nachfrage die Belegschaft nur unwesentlich zunahm. Im Jahre 1906 aber mußten wie-

---

[22] ebenda, p. 232.
[23] ebenda, p. 256.
[24] ebenda, p. 233, 235, 237f.
[25] ebenda, p. 248.
[26] ebenda, p. 243.
[27] ebenda, p. 274.
[28] Die hier genannten Daten stimmen mit der Tabelle unten nicht genau überein, weil sie sich hier auf Kalenderjahre, dort auf Rechnungsjahre beziehen.

derum, angesichts einer steigenden Nachfrage, 131 Bergleute neu angelegt werden. Der Betrieb war allerdings beeinträchtigt durch den Mangel an Eisenbahnwaggons, und „es reichte der verfügbare Haldenraum oftmals nicht aus, die wegen Wagenmangel gestürzte Kohlenmenge aufzunehmen".[29]

Die Förderung war 1906 gegenüber dem Vorjahr, trotz vermehrter Belegschaft, leicht zurückgegangen, was dadurch verursacht gewesen sein soll, daß in Altenwald die Stimmung unter den Bergleuten durch eine agitatorische Tätigkeit insbesondere „für die katholischen Fachvereine" sehr gereizt gewesen sei, und diese Mißstimmung sich in einer „planmäßigen Zurückhaltung mit der Arbeitsleistung und einem passiven Widerstand gegen die Anordnungen der Beamten" geäußert hätte.[30] Doch obgleich der Hauptverantwortliche für diese „Aufwiegelung der Belegschaft" im Wege „freiwilliger Kündigung" entfernt worden, und die gereizte Stimmung unter den Bergleuten daraufhin „alsbald geschwunden" war, lag die Förderung im Jahre 1907 nur unwesentlich über derjenigen des Vorjahres.

Infolge der anhaltenden Konjunktur wurden 1908 abermals 73, 1909 weiter 101 Bergleute neu angelegt, doch die Förderung nahm nicht im gleichen Maße zu, die Überschüsse waren 1909 sogar stark rückläufig wegen gesunkener Kohlenpreise,[31] eine Folge nachlassender Nachfrage, weswegen in diesem Jahre an 4 Tagen nicht gearbeitet worden war. Die Absatzflaute hielt auch 1910 noch an, so daß die Arbeit an insgesamt 11 Tagen ruhte; dadurch wurde die Förderung auf etwa dem gleichen Niveau wie im Vorjahre gehalten, obwohl die Belegschaft um 70 Mann vermehrt worden war. Um die gleiche Zahl schrumpfte sie 1911, „da bei den ungünstigen Absatzverhältnissen, die erst gegen Ende des Jahres durch den Ausbruch des englischen und westfälischen Streiks eine merkliche Besserung erfuhren, die Neuanlegung von Bergleuten eingeschränkt wurde".[32] Darüber hinaus mußten wegen Absatzmangels 4 Feierschichten eingelegt werden.

Erst das Jahr 1912 brachte eine neuerliche Belebung der Nachfrage, so daß „wegen der guten Absatzverhältnisse" insgesamt 11 Nebenschichten verfahren werden mußten. Die Förderung nahm um rund 60 000 to oder 5 % gegenüber dem Vorjahr zu, obgleich die Belegschaft um 164 Mann geringer geworden war. Ursache dafür soll „die Tätigkeit von Agenten" gewesen sein, wodurch „viele Bergleute veranlaßt wurden, nach Westfalen auszuwandern".[33] Wenn dennoch die Förderung gesteigert werden konnte, so war dafür — außer den erwähnten Nebenschichten — eine Erhöhung der Schichtleistung um etwa 9 % verantwortlich. Auch im letzten Vorkriegsjahr hielt die Konjunktur an, die Kohlenpreise befanden sich in leichtem Auftrieb, die Förderung nahm um rund 40 000 to oder 3 % zu.

Der Ausbruch des Ersten Weltkrieges setzte der günstigen geschäftlichen Entwicklung der Grube ein jähes Ende: infolge der Einberufungen zum Wehrdienst schrumpfte die Belegschaft um 1 187 Mann oder 25,8 %, die Förderung fiel um 470 000 to oder 36 % gegenüber dem letzten Vorkriegsjahr zurück. „Am 2. und 3. August konnte infolge der Mobil-

---

[29] LAS, Best. 564, Nr. 141, p. 237.
[30] ebenda.
[31] ebenda, p. 243.
[32] ebenda, p. 245.
[33] ebenda, p. 247.

machung ... auf beiden Gruben nicht gefördert werden. Am 4. August fand nur auf Grube Altenwald Förderung statt. Diese Feierschichten wurden infolge der sehr starken Nachfrage nach Kohlen im Winter durch Einlegung von Überschichten wieder eingeholt. Es wurden auf jeder Grube 15 Überschichten verfahren".[34]

Obwohl die Verkaufspreise der Kohlen abermals leicht angezogen hatten, von 11,37 M auf 11,53 M, lieferte die Grube 1914 zum ersten Male nicht nur keinen Überschuß an die Staatskasse ab, sondern der Fiskus mußte 57 271 M zuschießen. Daß Sulzbach-Altenwald damit erstmals in die roten Zahlen geriet, war zurückzuführen auf die geringere Förderung infolge der verringerten Belegschaft, auf außerplanmäßige Ausgaben, insbesondere Lohnbeihilfen in Höhe von 310 262 M, sowie auf höhere Ausgaben für Landerwerbungen und Bauten aus den Vorjahren. Bei Kriegsausbruch wurden übrigens auch der Chef der Berginspektion V, Dr. Brunzel, die leitenden Berginspektoren sowie 61 weitere Grubenbeamte einberufen.

Infolge des Krieges wurden sämtliche Ausrichtungsarbeiten eingestellt und alle Vorrichtungsarbeiten soweit wie möglich eingeschränkt, um die noch vorhandenen Arbeitskräfte ganz auf die Kohleförderung zu konzentrieren. Dennoch ging diese 1915 abermals um 65 000 to oder 8 % zurück, weil die Belegschaft um 658 Mann oder 19 % abgenommen hatte, ein Verlust, der auch durch 30 Überschichten, die auf beiden Gruben eingelegt wurden, natürlich nicht auszugleichen war. Schon von Anfang August 1915 ab suchte man deshalb den Arbeitskräftemangel, wenn nicht auszugleichen, so doch zu mildern durch die Beschäftigung von Kriegsgefangenen, und zwar als Schlepper unter Tage. Doch „ein beträchtlicher Teil" derselben erwies sich als für die Grubenarbeit untauglich, „ein weiterer Teil feierte krank oder verweigerte aus sonstigen Gründen die Arbeit", so daß im Durchschnitt nur 65 – 70 % von ihnen arbeiteten, und am Schluß des Jahres nur noch 49 Kriegsgefangene im Einsatz waren.[35]

Nur der Vollständigkeit halber sei erwähnt, daß am 28. April 1915 35 als Pferdeführer beschäftigte Schlepper die Arbeit verweigerten und mehr Lohn forderten, doch sie fuhren schon am nächsten Tage wieder an, ohne daß ihre Forderungen erfüllt worden wären.

Im Jahre 1916 konnte die Belegschaft vor allem dadurch um 476 Mann vermehrt werden, daß „viele zum Heeresdienst eingezogene Belegschaftsmitglieder zur Arbeitsleistung wieder überwiesen" worden waren, darunter ein großer Teil der einberufenen Beamten. Außerdem waren durchschnittlich 168 russische Kriegsgefangene auf Sulzbach, und 319 auf Altenwald beschäftigt, deren „Arbeitsfreudigkeit und Leistung" allerdings „viel zu wünschen übrig ließ".[36]

Die große Nachfrage nach Kohlen, bedingt vor allem durch den gesteigerten Bedarf der Rüstungsindustrien, machte das Einlegen von Überschichten erforderlich, auf beiden Gruben wurden monatlich deren 2 verfahren. Durch beide Maßnahmen, Vermehrung der Arbeitskräfte und Überschichten, gelang es zwar, die Förderung um 136 000 to oder 17 % zu erhöhen, doch blieb sie damit immer noch weit hinter der Vorkriegsleistung zurück.

---

[34] ebenda, p. 251.
[35] ebenda, p. 256.
[36] ebenda, p. 258.

Im dritten Kriegsjahr zeigte sich zugleich auch, deutlicher als im Vorjahr, eine inflationäre Überhöhung der Preise, denen die Löhne nicht in gleichem Maße folgten: während der Kohlenpreis von 1914–16 um 44 % anstieg, erhöhte sich der Lohn für Hauer im Gedinge in der gleichen Zeit nur um etwa 10 %. Die Teuerung sowie die immer schlechter werdende Versorgung mit Lebensmitteln waren es denn auch, die 1916 zu den ersten Arbeitsniederlegungen führten: am 9. und 16. Mai verweigerte die gesamte Unter-Tage-Belegschaft der Grube Sulzbach die Anfahrt. „Auf Zureden sowohl des Betriebsführers als auch der Sicherheitsmänner" nahmen die Bergleute jedoch am 16./17. die Arbeit wieder auf. Auf Altenwald fuhren am 18. Mai , anscheinend aus den gleichen Gründen, eine Anzahl Schlepper und Lehrhauer nicht an.[37]

Im Jahre 1917 gelang es, die Belegschaft erneut um 892 Mann oder 28 % zu vermehren durch zahlreiche Reklamationen sowie die Beschäftigung von im Durchschnitt 391 Kriegsgefangenen auf beiden Gruben. Die Förderung überschritt zwar wieder die Millionen-Tonnen-Marke, hatte aber nur um 13 % gegenüber dem Vorjahr zugenommen, obgleich auf beiden Gruben 14 Überschichten und eine Nebenschicht verfahren worden waren. Ursache dafür war eine geringere Arbeitsleistung, die bei den Kriegsgefangenen auf einem verständlichen Desinteresse beruhte, bei der Stammbelegschaft aber wohl die Folge einer unzureichenden Ernährung gewesen sein dürfte. Dem suchte die Betriebsleitung durch die Beschaffung zusätzlicher Nahrungsmittel abzuhelfen, wofür in diesem Jahre immerhin mehr als eine Million Mark aufgewendet wurden, der wichtigste Grund dafür, daß die Grube erneut mit einer halben Million Mark in die roten Zahlen geriet.

Gleichwohl war die Stimmung unter der Belegschaft wegen der anhaltenden Teuerung und der Lebensmittelknappheit gespannt, es wurden Lohnerhöhungen gefordert, und da man diese zunächst nicht bewilligte, legten am 24. September „fast alle Belegschaftsmitglieder" die Arbeit nieder. „Nachdem zwischen der Kgl. Bergwerksdirektion in Saarbrücken und den Arbeiterorganisationen eine Einigung über die von den Arbeitern vorgebrachten Wünsche erzielt worden war"[38] – wie diese Einigung aussah, sagen die Akten nicht – fuhr die Belegschaft am 27. September wieder an.

Im letzten Kriegsjahr erhöhte sich die Zahl der Beschäftigten um 386 Mann und erreichte mit 4 509 Mann beinahe das Vorkriegsniveau, was darauf zurückzuführen war, daß nach dem Waffenstillstand „der größte Teil der noch unter den Fahnen befindlichen Arbeiter zurückkehrte". Bis einschließlich Oktober arbeiteten in Sulzbach durchschnittlich 162 Kriegsgefangene, in Altenwald 217, die ab Anfang November entlassen wurden. Wegen der großen Nachfrage nach Steinkohlen mußten auf beiden Gruben zusammen 11,5 Nebenschichten verfahren werden, dennoch lag die Förderung um rund 80 000 to unter derjenigen des Vorjahres. Als Grund wird in den Akten angegeben: geringere Zahl der Arbeitstage, Waggonmangel und niedrigere Arbeitsleitung.[39]

Die November-Revolution machte sich natürlich auch in Sulzbach-Altenwald bemerkbar: am 27. November fuhr auf Sulzbach die Gesamtbelegschaft nicht an, auf Alten-

[37] ebenda, p. 261.
[38] ebenda, p. 265.
[39] ebenda, p. 267.

wald die Mittags- und Nachtschicht nicht, um die Einführung des 8-Stunden-Tages, d.h. der achtstündigen Schicht inklusive An- und Abfahrt, zu erzwingen. Am 28. fuhr die Belegschaft zwar wieder an, erzwang aber nach 8 Stunden die Seilfahrt, das gleiche geschah auch an den beiden folgenden Tagen, doch mit der Besetzung der Gruben durch die Franzosen, am 1. Dezember, wurde die alte Schichtdauer wieder eingeführt.[40]

Im ersten Nachkriegsjahr betrug die Belegschaft im Durchschnitt 4 861 Mann, das waren 255 Mann mehr als 1913, was auf die Heimkehr der Kriegsgefangenen zurückzuführen war. Doch sank die Förderung gegenüber dem Vorjahr abermals ab, sie betrug für die Zeit vom 1. April bis zum 31. Dezember 1919 651 625 to, das waren auf das Jahr hochgerechnet 868 833 to oder 10 % weniger als 1918. Der Grund dafür waren niedrigere Ar-

Förderung und Absatz[41]

Jahr	Förderung			Absatz
	Sulzbach to	Altenwald to	Insgesamt to	to
1900/01	343 497	523 163	866 660	866 765
1901/02	315 217	565 773	880 990	881 080
1902/03	349 123	577 917	927 040	926 701
1903/04	383 067	586 107	969 174	969 429
1904/05	393 494	624 332	1 017 826	1 017 644
1905/06	406 764	690 748	1 097 512	1 097 507
1906/07	408 730	684 238	1 092 968	1 093 392
1907/08	400 804	700 256	1 101 060	1 100 830
1908/09	424 487	680 255	1 104 742	1 104 948
1909/10	411 665	697 330	1 108 995	1 106 387
1910/11	410 010	714 841	1 124 851	1 125 908
1911/12	452 982	773 004	1 225 986	1 227 464
1912	486 298	797 974	1 284 272	keine Angaben
1913	498 226	826 830	1 325 056	keine Angaben
1914	327 002	527 160	854 162	keine Angaben
1915	301 578[42]	484 995[42]	789 230	keine Angaben
1916	324 769	634 687	925 365	keine Angaben
1917	373 661	673 232	1 045 746	keine Angaben
1918	362 482	631 305	963 522	keine Angaben
1919[43]	—[44]	420 517	651 625	keine Angaben

---

[40] ebenda, p. 271.
[41] Von 1900/01 – 1911/12 nach LAS, Best. 564, Nr. 141, p. 207. Von 1912 – 19 zusammengestellt nach Einzelangaben in ebenda, p. 247 ff. Dort fehlen die Angaben über den Absatz.
[42] Von hier ab nach LAS, Best. 564, Nr. 1887 und 1888 errechnet; die dort angegebenen Daten beziehen sich auf Rechnungsjahre und sind auf Kalenderjahre umgerechnet. Daher ergeben sich geringfügige Abweichungen bei der Summierung zu den Zahlen der Gesamtförderung in der nächsten Spalte, die aus Best. 564, Nr. 141 stammen.
[43] Vom 1. 4. – 31. 12.
[44] Rechnungsjahr 1918/19 fehlt für Sulzbach in den Akten.

beitsleistung und Streiks: die erste Arbeitsniederlegung erfolgte Ende März und dauerte bis zum 9. April, insgesamt 13 Tage, die zweite vom 8. bis 10. Oktober, obwohl die Löhne inzwischen beträchtlich heraufgesetzt und am 1. August die 8-Stunden-Schicht – 7½ Stunden unter Tage, 8 Stunden über Tage – als Errungenschaft der Revolution eingeführt worden war. Doch die Löhne reichten offenbar immer noch nicht aus, um den Preisauftrieb auszugleichen.

Am 10. Januar 1920 gingen die Saargruben gemäß Friedensvertrag in das Eigentum des französischen Staates über, am 17. Januar erfolgte die Übergabe von Sulzbach-Altenwald durch den Werksdirektor, Bergrat Langer, an den Vertreter der französischen Regierung, den Ingénieur Principal Bourdoire.[45]

Sieht man einmal von den konjunkturellen Schwankungen ab, und läßt man die Kriegsjahre als anormal außer Betracht, dann hat die Förderung von 1900 – 1913 um insgesamt 53 % zugenommen, wobei diese Zunahme, wie schon in den vorangegangenen Jahrzehnten, hauptsächlich auf das Konto der Grube Altenwald ging: dort stieg die Förderung um 58 %, auf Sulzbach nur um 16 %. Hier entsprach die Zunahme der Förderung ziemlich genau derjenigen der Belegschaft (17 %), während in Altenwald die Belegschaft nur um 26 % gewachsen war, die Förderung aber um das Doppelte zugenommen hatte, ein Ergebnis der aus der unten wiedergegebenen Tabelle ersichtlichen, beträchtlichen Zunahme der Schichtleistung. Worauf diese im einzelnen beruhte, ist schwer zu sagen, jedenfalls war sie nicht das Resultat einer Mechanisierung der Kohlegewinnung, die nach wie vor im wesentlichen in Handarbeit erfolgte. Vom Einsatz der Schrämmaschine nämlich, die schon seit Mitte der 60er Jahre des 19. Jahrhunderts in England Verwendung fand, und mit deren Hilfe die Arbeitsleistung sich verfünffachen ließ, ist in den auf Sulzbach-Altenwald bezüglichen Akten noch keine Rede. Im gesamten Saarrevier sollen nach Haßlacher[46] im Jahre 1902 erst 17 Schrämmaschinen in Betrieb gewesen sein.

Während die tendeziell ansteigende Zahl der Belegschaft, einschließlich der jährlichen Schwankungen in den Zuwachsraten, wie schon gesagt, im Grunde den Konjunkturverlauf widerspiegelt, kann man das von der Schichtleistung durchaus nicht sagen. Sie ist nach der Jahrhundertwende gegenüber den 90er Jahren zunächst einmal deutlich zurückgefallen, um dann allerdings bis 1913 um respektable 30 % zuzunehmen, doch war damit nur ein Niveau wieder erreicht, auf welchem sich die Schichtleistung schon im Rechnungsjahr 1889/90 bewegt hatte. Vergleicht man die Tabelle unten mit derjenigen für die Zeit von 1880 – 1900, so erkennt man auf den ersten Blick, daß die Arbeitsleistung sich auf der gleichen Höhe bewegte, ein Indiz dafür, daß eine Mechanisierung zwar in der Förderung, nicht jedoch in der Kohlegewinnung stattgefunden hatte.

Die relativ großen Schwankungen in der Schichtleistung darf man hingegen nicht, jedenfalls nicht allein oder in erster Linie, auf entsprechende Veränderungen in der Leistungswilligkeit oder Leistungsfähigkeit der Bergleute zurückführen, sondern sie waren vornehmlich in der Natur des Bergbaues begründet: die unabdingbar notwendigen Ausrich-

---

45 LAS, Best. 564, Nr. 141, p. 275.
46 A. Haßlacher, a.a.O., S. 154.

Jahr	Belegschaft	Leistung pro Mann und Schicht kg	Schichtlohn M
1900/01	3831	757	3,76
1901/02	3973	749	3,79
1902/03	4198	758	3,84
1903/04	4361	758	3,90
1904/05	4389	807	4,02
1905/06	4407	870	3,79
1906/07	4534	842	3,95
1907/08	4523	840	4,14
1908/09	4591	855	4,15
1909/10	4694	852	4,00
1910/11	4760	843	4,02
1911/12	4694	913	4,13
1912	4625	958	4,22
1913	4602	990	4,51
1914	3415	862	1,30 − 5,50
1915	2757	987	1,30 − 5,50
1916	3231	988	1,50 − 5,70
1917	4123	875	1,70 − 6,80
1918	4509	737	1,70 − 6,90
1919[50]	4861	668	3,00 − 11,00

tungs- und Vorrichtungsarbeiten nehmen je nach der Natur des Gebirges, der Lagerung und Mächtigkeit der Flöze einen unterschiedlich großen Raum ein und beeinträchtigen demgemäß das Produktionsergebnis in unterschiedlicher Weise. Hinzu kommt, daß diese unproduktiven Arbeiten von der Unternehmensführung in Zeiten großer Nachfrage ganz bewußt eingeschränkt, in Zeiten der Flaute hingegen forciert betrieben wurden, woraus sich dann zwingend höhere oder geringere Schichtleistungen ergeben.

Die auf den ersten Blick erstaunlich hohen Leistungen der beiden Kriegsjahre 1915 und 1916 erklären sich dann auch einfach daraus, daß alle Aus- und Vorrichtungsarbeiten praktisch eingestellt worden waren, um alle verfügbaren Arbeitskräfte in der Gewinnung einsetzen und den hohen Anforderungen der Rüstungsindustrie nachkommen zu können.

---

[47] Bis 1911/12: LAS, Best. 564, Nr. 141, p. 207; von 1912 ab zusammengestellt nach Einzelangaben in LAS, Best. 564, Nr. 141.

[48] Ab 1912 errechnet aus Förderung und Belegschaft, unter Zugrundelegung von 290 Schichten pro Mann und Jahr.

[49] Best. 564, Nr. 141, p. 207. Für 1912 und 1913 errechnet aus Lohnsumme: Belegschaft mal Schichten nach Daten in Best. 564, Nr. 1786. Ab 1914 war die Errechnung von Durchschnittslöhnen nicht möglich, daher sind dort die Löhne im Gedinge angegeben nach Best. 564, Nr. 1887 − 1889.

[50] Vom 1. 4. − 31. 12.

Die Löhne waren, abgesehen von den konjunkturell bedingten Rückschlägen in den Jahren 1906/07 und 1909/10, insgesamt gestiegen, und zwar von 1900 – 1913 um 20 %, nicht dagegen die Kohlenpreise, wie noch zu zeigen sein wird. Aus den angegebenen Gedingelöhnen läßt sich zwar ein durchschnittlicher Gedingelohn nicht errechnen, weil man dazu wissen müßte, in welcher Weise sich die niedrigen und hohen Gedingesätze auf ihre Gesamtzahl verteilen, doch lassen die Spitzengedinge immerhin erkennen, daß die Löhne im Kriege weiter angestiegen sind, während die drastischen Erhöhungen der letzten Jahre die inzwischen einsetzende inflationäre Entwicklung widerspiegeln.

Die Kohlenpreise folgten im großen und ganzen der Konjunktur: einem starken Anstieg nach der Jahrhundertwende folgte ein Rückgang in den Jahren 1904 – 06, der dann einsetzenden Erholung der Preise folgte wiederum ein Einbruch 1910/12; doch der Aufschwung kurz vor Kriegsausbruch bescherte der Grube zwar wieder steigende Preise, aber im Jahre 1913 war das Preisniveau von 1901 noch nicht ganz wieder erreicht. Erst während des Krieges bewegten sich die Kohlenpreise infolge zunehmender Nachfrage und schrumpfenden Angebots zuerst langsam, dann stürmisch nach oben, gleichzeitig allerdings auch die Selbstkosten, die 1918 schließlich die Preise überholten.

Selbstkosten, Preise und Überschüsse[51]

Jahr	Selbstkosten pro Tonne			
	General- kosten M	Betriebs- löhne M	Betriebs- material M	Bauten M
1900/01	1,63	4,72	1,99	0,23
1901/02	1,60	4,75	1,76	0,27
1902/03	1,75	4,78	1,71	0,19
1903/04	1,79	4,83	1,86	0,22
1904/05	1,76	4,66	1,78	0,24
1905/06	1,56	4,42	1,87	0,05
1906/07	1,75	4,75	1,86	0,15
1907/08	1,82	5,01	1,99	0,06
1908/09	1,82	4,96	2,05	0,11
1909/10	1,99	4,79	1,98	0,11
1910/11	1,94	4,82	1,92	0,13
1911/12	1,62	4,64	1,87	0,17

[51] Bis 1911/12: LAS, Best. 564, Nr. 141, p. 207. Ab 1912 zusammengestellt nach Einzelangaben in Abt. 564, Nr. 141. Eine Aufschlüsselung der Selbstkosten für die Jahre ab 1912 enthalten die Akten nicht, sie läßt sich aus den überlieferten Daten auch nicht errechnen.

Jahr	Summe der Selbstkosten M/to	Preise im Durchschnitt M/to	Überschüsse M
1900/01	8,57	11,45	1 501 042
1901/02	8,38	12,25	2 224 913
1902/03	8,43	11,11	1 370 481
1903/04	8,70	10,79	915 535
1904/05	8,44	11,06	1 463 317
1905/06	7,90	11,00	1 931 983
1906/07	8,51	11,18	1 135 850
1907/08	8,88	11,66	1 268 536
1908/09	8,94	11,86	1 541 820
1909/10	8,87	11,21	946 691
1910/11	8,81	11,04	1 060 383
1911/12	8,30	10,80	1 463 250
1912	8,39	11,06	2 026 052
1913	9,52	11,37	847 605
1914	10,16	11,53	− 57 271
1915	10,55	13,02	401 964
1916	13,02	16,37	1 204 940
1917	22,08	22,69	− 523 293
1918	28,61	25,06	−2 187 681
1919	54,02	54,60	keine Angaben

Der Anteil der Löhne an den Gesamtkosten war nach wie vor relativ hoch, er betrug 55 % (1900/01) bis 56 % (1911/12), während die Generalkosten 19 % der Selbstkosten ausmachten, der Aufwand für Betriebsmaterial 22 – 23 %, der für Bauten nur 2 – 2,7 %. In absoluten Zahlen ausgedrückt, heißt das, daß im Rechnungsjahr 1901/02 für Neu- und Ersatzbauten 237 867 M aufgewendet worden sind, im Rechnungsjahr 1905/06 aber nur 54 875 M. Insgesamt ergibt sich für die letzte Dekade vor dem Kriege ein ähnliches Bild wie für die beiden Jahrzehnte vor der Jahrhundertwende.

Bis zum Kriegsausbruch konnte die Grube Sulzbach-Altenwald wiederum beträchtliche Überschüsse an den Staatssäckel abliefern: es waren insgesamt 19 697 458 M, während der Kriegszeit brachten jedoch nur noch die Jahre 1915 und 1916 Überschüsse, in den anderen Jahren hatte der Fiskus erhebliche Zuschüsse zu leisten. Sie waren im Jahre 1914, wie schon erwähnt, verursacht durch den Rückgang der Förderung, die Zahlung von Lohnbeihilfen sowie außergewöhnlich hohe Aufwendungen für Grunderwerbungen. Im Jahre 1917 war das Defizit auf „außergewöhnliche, bedeutende Lohnsteigerungen",[52] hohe Materialpreise und Lohnbeihilfen in Höhe von 148 794 M zurückzuführen; hinzu kam noch die Beschaffung von Lebensmitteln, wofür die Werksleitung 1 050 447 M aufwendete. Die gleichen Gründe führten zu dem exorbitant großen Defizit von mehr als zwei Millionen Mark im Jahre 1918.[53]

---

[52] LAS, Best. 564, Nr. 141, p. 263.
[53] ebenda, p. 267.

3. Die Belegschaft

Wie aus der weiter oben wiedergegebenen Tabelle ersichtlich, war die Belegschaft während des hier zu betrachtenden Zeitraumes von 3 831 auf 4 861 Mann oder um 27 Prozent angewachsen, von denen jedoch nur etwa 60 % in Sulzbach ansässig waren. Für das Jahr 1919 lassen sich genaue Angaben über den Anteil der bergmännischen an der Gesamtbevölkerung Sulzbachs zwar nicht machen, wohl aber für das Jahr 1910, als die Belegschaft mit 4 760 Mann nur wenig unter derjenigen von 1919 lag, die Daten also zum Vergleich wohl unbedenklich herangezogen werden können:[54]

	1900	%	1910	%
Gesamtbevölkerung	17 576		22 433	
davon Bergleute	2 170	12,3	2 873	12,8
Bergleute mit Angehörigen	7 855	44,7	11 006	49,1

Die Bevölkerung Sulzbachs hatte demnach in nur 10 Jahren um 4 857 Personen oder 27,5 % zugenommen, die Zahl der ortsansässigen Bergleute um 703 oder 32,4 %, so daß ihr Anteil an der Gesamtbevölkerung von 12,3 auf 12,8 % gestiegen war; deutlicher dagegen hatte der Anteil der bergmännischen Bevölkerung zugenommen, nämlich um 3 151 Personen oder 40,1 %, was vor allem auf eine Zunahme der Kinderzahl zurückzuführen war, die von 4 306 auf 6 197 oder um 43,9 % anwuchs.

Wenn von den 4 760 Bergleuten des Jahres 1910 nur 2 873 in Sulzbach ansässig waren, so bedeutet dies, daß nach wie vor etwa 40 % der Belegschaft in Privatquartieren oder Schlafhäusern logieren mußten, wenn sie nicht aus nahegelegenen Dörfern täglich einpendeln konnten. Da in den Schlafhäusern 796 Mann untergebracht waren,[55] dürften rund 1 000 Mann in Privatquartieren gewohnt haben. Die Heimatorte dieser Bergleute waren weit gestreut: die meisten kamen naturgemäß aus den nächstgelegenen Kreisen Ottweiler (352) und St. Wendel (546), während 196 im Bezirksamt Zweibrücken, 140 im Kreise Merzig, 122 in Saarlouis und 107 im Landkreis Trier beheimatet waren.

Was die wirtschaftliche Lage der Bergleute angeht, so hatten sich ihre Löhne, wie schon erwähnt, in den letzten 13 Jahren vor Ausbruch des Ersten Weltkrieges um 20 % oder etwa 1,5 % jährlich erhöht, doch auch die Nahrungsmittelpreise hatten während dieser Zeit angezogen, wie die nachfolgenden Tabellen deutlich machen. Um zu zeigen, in wieweit die Konsumvereine den Bergleuten günstigere Einkaufsmöglichkeiten boten, sind wieder, wie im vorigen Abschnitt, Marktpreise und Konsumvereinspreise nebeneinandergestellt:

---

[54] P. Maus: Entwicklung der Bergmannsverhältnisse, S. 76.
[55] LAS, Best. 564, Nr. 526.
[56] P. Maus: Bergmannsleben in Sulzbach, S. 25.

Martini – Marktpreise in Saarbrücken[57]
und Konsumvereinspreise zu Heinitz und Louisenthal[58] (jeweils für 1 kg)

Jahr	Weizenmehl		Roggenmehl		Rindfleisch		Schweinefleisch	
	Markt	Kons.-verein	Markt	Kons.-verein	Markt	Kons.-verein	Markt	Kons.-verein
	M	M	M	M	M	M	M	M
1901	0,35	0,29	—	0,23	1,45	1,30	1,60	1,50
1902	0,35	0,28	—	0,23	1,65	1,31	1,70	1,50
1903	0,35	0,28	—	0,25	1,50	1,41	1,56	1,60
1904	0,35	0,29	—	0,23	1,80	1,35	1,52	1,60
1905	0,34	0,29	—	0,23	1,80	1,35	1,90	1,56
1906	0,37	0,30	—	0,26	1,85	1,56	1,90	1,50
1907	0,40	0,32	—	0,29	1,75	1,46	1,66	1,80
1908	0,40	0,38	—	0,29	1,75	1,50	1,72	1,70
1909	0,40	0,38	—	0,30	1,40	1,56	1,75	1,60
1910	0,40	0,32	—	0,25	1,80	1,56	1,85	1,68
1911	0,40	0,33	—	0,25	1,60	1,60	1,60	1,75

Jahr	Butter		Speck		Kartoffeln[59]		Erbsen	
	Markt	Kons.-verein	Markt	Kons.-verein	Markt	Kons.-verein	Markt	Kons.-verein
	M	M	M	M	M	M	M	M
1901	2,50	2,23	1,80	1,56	5,30	4,07	—	0,32
1902	2,45	2,26	1,80	1,43	6,50	4,61	—	0,33
1903	2,30	2,26	1,70	1,58	6,00	4,74	—	0,34
1904	2,40	2,28	1,80	1,44	8,00	5,09	—	0,33
1905	2,50	2,24	1,80	1,65	7,00	4,81	—	0,34
1906	2,30	2,41	1,80	1,75	7,50	4,99	—	0,35
1907	2,50	2,43	1,80	1,59	7,50	4,86	—	0,32
1908	2,60	2,54	1,80	1,58	8,00	4,99	—	0,34
1909	2,75	2,52	2,00	1,75	6,00	4,90	—	0,37
1910	2,60	2,52	2,00	1,76	8,00	6,24	—	0,42
1911	2,80	2,76	1,70	1,62	8,55	6,63	—	0,48

[57] LAS, Best. 564, Nr. 1232, p. 100.
[58] ebenda, p. 101.
[59] für 100 kg.

Wie die Tabelle zeigt, lagen die Preise der Konsumvereine im Druchschnitt 10 – 15 % unter den Marktpreisen, bei den für den Bergmann so wichtigen Kartoffeln sogar bis zu 35 %, doch wiesen sowohl die Marktpreise als auch die Konsumvereinspreise eine steigende Tendenz auf. Der Preisauftrieb betrug insgesamt während dieser 11 Jahre in %:

	Weizenmehl	Roggenmehl	Rindfleisch	Schweinefleisch
Markt	15	—	10	—
Konsumverein	14	10	23	16

	Butter	Speck	Kartoffeln	Erbsen
Markt	12	−6	61	—
Konsumverein	24	4	63	50

Daraus ergibt sich, daß die Verbesserung der Löhne um 20 % durch den Preisauftrieb kompensiert wurde, der Bergmann also am Ende über nicht mehr Kaufkraft verfügte als zu Beginn des Jahrhunderts. Die Entwicklung war für ihn demnach während dieser 1½ Jahrzehnte weit weniger günstig als in den 2 Jahrzehnten zuvor, die ihm einen deutlichen Kaufkraftzuwachs beschert hatten. Für die Kriegsjahre lassen sich ähnlich exakte Angaben leider nicht machen, doch dürften die seit 1916/17 stark verbesserten Löhne durch den inflationären Preisauftrieb mindestens ausgeglichen, wenn nicht überkompensiert worden sein.

a) der Ausschuß der Vertrauensmänner

Wie schon in den früheren Jahren, führten die Ausschußmitglieder auch jetzt wieder verschiedentlich Klage darüber, daß sie das Vertrauen der Belegschaft nicht besäßen, weil sie den Kollegen kaum jemals greifbare Erfolge ihrer Tätigkeit zu präsentieren hätten. Deshalb erklärten einige von ihnen in der Sitzung vom 3. Juli 1906,[60] sie würden am liebsten ihre Ämter niederlegen, weil sie nicht nur kein Vertrauen genössen, sondern ihre Kameraden sie teilweise sogar verhöhnten.

Aus dem gleichen Grunde hatten sie in der vorangegangenen Sitzung vom 29. Dezember 1905 den Antrag gestellt, „die Verhandlungen in den Grubenausschuß-Sitzungen durch die Zeitungen zur allgemeinen Kenntnis zu bringen. Die Belegschaft glaube nicht, was ihr von den Ausschußmitgliedern über die Verhandlungen mitgeteilt würde. Auch seien Verhöhnungen nicht selten, weil ein Teil der Leute glaube, daß die Grubenausschuß-Mitglieder nicht genügend für die Interessen der Belegschaft einträten."[61]

Der Werksdirektor lehnte den Antrag jedoch mit dem Bemerken ab, daß eine solche Publizität der Verhandlungen in den Bestimmungen über die Wahl und Tätigkeit der Arbeiterausschüsse nicht vorgesehen sei, er sie darüber hinaus auch nicht für zweckdienlich halte. Wenn die Protokolle den Gang der Verhandlungen vollständig überliefern, und es besteht

---

[60] LAS, Best. 564, Nr. 334, p. 104 f.
[61] ebenda, p. 81.

eigentlich kein Grund, daran zu zweifeln, dann wurde dieses Thema niemals wieder erörtert.

Der wichtigste, in den Sitzungen immer wieder verhandelte Punkt war naturgemäß die Lohnfrage. In der Sitzung vom 14. März 1905[62] brachten die Vertrauensmänner das schon in früheren Jahren wiederholt vorgetragene Gravamen, die jüngeren Bergleute seien zu schlecht bezahlt, erneut zur Sprache. Sie beantragten:

1. den Anfangslohn für die 16jährigen Schlepper von 1,80 M auf 2,00 M heraufzusetzen und halbjährlich 0,10 M zuzulegen;

2. bei gemeinschaftlichem Gedinge eine andere Verteilung unter den einzelnen Arbeiterkategorien vorzunehmen, so daß Lehrhauer und Schlepper besser gestellt wären;

3. die Zeit bis zum Aufrücken zum Vollhauer von 8 auf 5 Jahre dadurch herabzusetzen, daß die Lehrhauerzeit auf 1 Jahr, die Schlepperzeit I. und II. Klasse auf jeweils 2 Jahre abgekürzt werden.

Der Werksdirektor erwiderte darauf, „daß, wenn fortwährend von zu geringen Löhnen der jüngeren Leute gesprochen werde, es doch eigentümlich berühren müsse, daß gerade die Schlepper es seien, die die Wirtschaften, und namentlich diejenigen mit Damenbedienung, füllten und ihr Geld auch auf andere unnütze Weise geradezu wegwürfen. Namentlich in den letzten Fastnachtstagen sei die Zahl der fehlenden jüngeren Leute erschreckend hoch gewesen, und dem entsprechend hoch auch die Zahl der Straffälle wegen Arbeitsversäumnis".

Die Vertrauensleute kamen nicht umhin zuzugeben, daß dies zwar alles richtig sei, aber sie wandten ein, daß man nicht alle in einen Topf werfen dürfe; man müsse vielmehr eher, um dem Übel abzuhelfen, „die Gelegenheiten zu verschwenderischen Ausgaben" beseitigen, als auch die rechtschaffenen jungen Leute mit geringen Löhnen zu bestrafen. Erfolg hatten die Vertrauensleute mit ihrem Vorstoß jedenfalls wiederum nicht, und die Angelegenheit kam bis zum Kriegsende auch nicht wieder zur Sprache.

Eine von den Vertrauensleuten öfter vorgebrachte Klage betraf die nach ihrer Meinung zu stark differierenden Gedingelöhne, die sie stärker angeglichen wissen wollten. In der Sitzung vom 3. Juli 1906 wiesen sie darauf hin, daß manche Kameradschaften 5,60 – 5,80 M verdienten, andere dagegen nur 4,30 – 4,50 M, eine nach ihrer Ansicht nicht mehr tolerable Einkommensdifferenz, die zu beseitigen sei. Der Werksdirektor aber entgegnete, daß die Gedinge, wie die Vertrauensleute selbst genau wüßten, unter Berücksichtigung aller an den jeweiligen Betriebspunkten obwaltenden besonderen Verhältnisse festgelegt würden, eine Art „Normallohn" könne es dabei indessen der Natur der Sache nach nicht geben. Gerade bei der Arbeit im Gedinge seien nun einmal „Fleiß und Geschicklichkeit für den Ausfall der Löhne maßgebend, und wer es daran nicht fehlen lasse, dem sei Gelegenheit gegeben, ... die schönsten Löhne zu verdienen".[63]

---

[62] ebenda, p. 29 ff.
[63] ebenda, p. 98.

Die berechtigten Einwände der Vertrauensleute, auch weniger Geschickte könnten durchaus fleißig sein, vieles hänge überdies auch vom Glück und von der Zusammensetzung der Kameradschaft ab, auch bestehe zwischen Arbeitern und Beamten nicht immer das zum Abschluß gerechter Gedinge erforderliche Vertrauensverhältnis, fanden beim Werksdirektor kein Gehör. Es ist freilich auch schwer einzusehen, wie der Forderung nach „gleichmäßigen Löhnen" hätte entsprochen werden können, ohne das Gedinge überhaupt abzuschaffen und durch den Zeitlohn zu ersetzen.

Das gleiche Problem wurde in der Sitzung vom 21. Februar 1911 erneut diskutiert,[64] nachdem der Werksdirektor einleitend erklärt hatte, „daß die gegenwärtige wirtschaftliche Lage eine Lohnerhöhung ausschließe". Die Vertrauensleute erwiderten, „daß man eine allgemeine Lohnerhöhung zur Zeit gar nicht anstrebe, sondern nur die großen Verschiedenheiten in der Lohnhöhe beseitigt wissen wolle. Einzelne Kameradschaften verdienten sehr schöne Löhne, andere dagegen könnten bei allem Fleiß einen angemessenen Verdienst nicht erzielen. Auf Verwerfungen und Verdrückungen der Flöze, auf schlechte Strecken, häufige Brüche in der Förderung werde beim Gedingeabschluß nicht genügend Rücksicht genommen". Der Werksdirektor blieb jedoch bei seinem früheren, oben zitierten Standpunkt, daß Lohnunterschiede im Leistungslohn ganz unvermeidlich seien, weil Fleiß und Geschicklichkeit der Bergleute nun einmal verschieden wären.

In der Sitzung vom 26. März 1912 ging es zunächst um eine Erhöhung der Schichtlöhne, genauer gesagt: der Zeitlöhne, was die Vertrauensleute beantragt hatten. Der Werksdirektor erklärte sich bereit, die Schichtlohntabelle einer Nachprüfung zu unterziehen und etwa vorhandene Härten abzustellen, im übrigen aber „könne eine Heraufsetzung der Schichtlöhne nur allmählich den Gedingelöhnen, die sich noch auf der gleichen Höhe wie zu Zeiten der besten Geschäftslage bewegten, folgen". Wo allerdings der höchste Schichtlohn erst mit 35 Jahren erreicht werde, sei er bereit, die Altersgrenze auf 32 Jahre herabzusetzen.[65]

Die Vertrauensleute forderten gleichwohl eine Anhebung der Schichtlöhne unter Hinweis darauf, daß für schwierige Hauerarbeiten, die im Gedinge nicht gemacht werden könnten, der Schichtlohn von 4,20 M zu niedrig sei. Sie verlangten ferner abermals eine gleichmäßigere Gestaltung der Gedinge und trugen zur Unterstützung ihrer Forderung Fälle vor, in denen der geringere Verdienst nicht die Folge mangelnden Fleißes oder fehlender Geschicklichkeit, sondern eindeutig die Folge von Flözstörungen und unzureichenden Gedinges gewesen war. Der Werksdirektor dagegen verwies im ersten Punkt auf seine eingangs abgegebene Erklärung und im zweiten Fall auf den Beschwerdeweg.

Während des Ersten Weltkrieges bildeten dann nicht mehr derart spezielle Lohnprobleme den Gegenstand der Verhandlungen, sondern die Forderungen nach allgemeinen Lohnerhöhungen angesichts steigender Preise, insbesondere für Nahrungsmittel. Am 31. Mai 1915 kam eine Eingabe von 19 Ausschußmitgliedern zur Sprache, in welcher diese die Gewährung entweder einer allgemeinen Teuerungszulage oder einer allgemeinen Lohnerhöhung gefordert hatten.[66] Der Werksdirektor erklärte dazu, daß die Bergwerksverwaltung

[64] ebenda, p. 269 f.
[65] ebenda, p. 291 f.
[66] ebenda, p. 368 f.

die in der Eingabe angeführten Gründe zwar anerkenne und dem Antrage auch wohlwollend gegenüberstehe, doch müßten bei der Bewilligung einer Lohnaufbesserung „auch die wirtschaftlichen Erträge der Grube berücksichtigt werden, die zur Zeit infolge der den Familienangehörigen der unter den Fahnen stehenden Belegschaftsmitglieder gewährten Lohnbeihilfen (monatlich über 41 000 M) ganz erheblich herabgesunken seien".

Das abgelaufene Etatsjahr habe mit einem Defizit abgeschlossen, und auch für das laufende Jahr sei keine wesentliche Besserung zu erwarten. Aus diesen Gründen könne von einer allgemeinen Teuerungszulage keine Rede sein, aber man sei bereit, die Schichtlöhne vom 1. Mai ab um etwa 0,20 M heraufzusetzen und die Gedinge zu überprüfen.

Die Vertrauensmänner erkannten zwar das Entgegenkommen der Bergverwaltung an, hielten aber die beabsichtigte Schichtlohnzulage für völlig ungenügend, die nach ihrer Ansicht mindestens 0,40 – 0,60 M betragen müßte, dies umso mehr, als den Bergleuten der Gruben Friedrichsthal und Maybach, die zum 1. März bereits eine Lohnzulage erhalten hätten, eine weitere Schichtlohnerhöhung versprochen worden sei. Der Werksdirektor bezeichnete letzteres nach seiner Kenntnis für unzutreffend, versprach aber, die Lohnfrage auch künftig im Auge zu behalten, und behielt sich vor, „wenn nötig, noch weitere Lohnregulierungen vorzunehmen".

Ein Jahr später, am 26. Mai 1916, stand eine Eingabe von 8 Ausschußmitgliedern zur Debatte, in der „wegen der außerordentlich gestiegenen Lebensmittelpreise" eine allgemeine Lohnerhöhung von nicht weniger als 30 % gefordert worden war.[67] Der Werksdirektor wies zunächst einmal darauf hin, daß die Löhne während der vergangenen Monate ständig angestiegen seien, der Gesamtdurchschnitt aller Nettolöhne habe betragen:

im Dezember 1915:	4,45 M
im Januar 1916:	4,52 M
im Februar 1916:	4,65 M
im März 1916:	4,78 M
im April 1916:	4,93 M

Die reinen Löhne der Kohlenhauer aber zeigten folgende Entwicklung:

im Dezember 1915:	5,70 M
im Januar 1916:	5,86 M
im Februar 1916:	5,96 M
im März 1916:	6,21 M
im April 1916:	6,30 M

Bei Berücksichtigung der Kinderzulage erhöhe sich der letztere Satz noch um 0,24 M, also auf 6,54 M.

Trotz dieser beträchtlichen Lohnerhöhungen sei er aber bereit, „in Anbetracht der gerade in letzter Zeit noch besonders gestiegenen Lebensmittelpreise … eine weitere Lohnerhöhung eintreten zu lassen". Er beabsichtige, eine Neuregulierung bzw. Erhöhung der Prämien in den Kohlegewinnungsarbeiten vorzunehmen und auch bei einzelnen im

---

[67] ebenda, p. 384 ff.

Schichtlohn beschäftigten Arbeiter-Kategorien eine Erhöhung des Schichtlohnes zu bewirken. Eine allgemeine Lohnerhöhung aller Arbeiter halte er dagegen für nicht berechtigt und lehne sie daher ab. Ebenso müsse er sich vorbehalten, die Höhe der vorzunehmenden Lohnsteigerung selbst zu bemessen, doch müsse er schon heute erklären, daß von einer 30 %igen Lohnerhöhung gar keine Rede sein könne. Die Bergwerksdirektion habe übrigens vom 1. Juni ab eine Erhöhung der Kinderzulagen angeordnet.

In der nächsten Ausschußsitzung vom 15. Dezember 1916 forderten die Vertrauensmänner erneut unter Hinweis auf die Teuerung eine allgemeine Lohnerhöhung, für Kohlenhauer aber einen Mindestlohn von 8,00 M, für alle übrigen Arbeiter einen solchen von 7,50 M.[68] Der Werksdirektor lehnte indessen Mindestlöhne grundsätzlich ab und wies darauf hin, daß die Löhne ständig gestiegen seien, so daß der Druchschnittslohn eines Kohlenhauers im Oktober 7,12 M betragen habe, auch stehe der Druchschnittslohn aller Bergleute auf Sulzbach-Altenwald „bedeutend über dem Durchschnittslohn des Bergwerksdirektionsbezirks", dennoch werde er die Lohnfrage ständig im Auge behalten, und es sei auch „mit weiteren Steigerungen der Löhne zu rechnen". Tatsächlich stand der durchschnittliche Hauerlohn im Januar 1917 schon bei 7,60 M, wie aus dem Abschlußprotokoll vom 23. März 1917 hervorgeht,[69] mit welchem die Aktenüberlieferung abbricht.

In den ersten Jahren nach der Jahrhundertwende stand auch das früher schon oft erörterte Problem der „unreinen Kohlen" wiederholt auf der Tagesordnung: in der Sitzung vom 18. Dezember 1901 ermahnte der Werksdirektor die Arbeitervertreter, bei ihren Kollegen auf eine reine Kohlenförderung hinzuwirken, „was bei der schlechten Absatzlage besonders wichtig" sei.[70] Und im Sitzungsprotokoll vom 24. Juni 1902 heißt es,[71] die Klagen der Abnehmer über unreine Kohlen nähmen zu, daher erfolgte erneut eine Ermahnung seitens des Werksdirektors an die Vertrauensleute, gegen die Unsitte einzuschreiten, anderenfalls müsse mit „schärfsten Strafen" vorgegangen werden, was offenbar auch geschah.

Denn in der Sitzung vom 2. Dezember 1903 führte ein Vertrauensmann Klage darüber, daß die Bestrafungen wegen unreiner Kohlen „immer schärfer und empfindlicher" würden, worauf der Werksdirektor erwiderte, „daß diese scharfen Maßnahmen leider hätten Platz greifen müssen, da die Beschwerden der Abnehmer wegen unreiner Kohlen immer zahlreicher würden und ihnen eine Berechtigung nicht abzusprechen sei".[72] Ob diese Maßnahmen schließlich erfolgreich waren, läßt sich mit Sicherheit nicht sagen, jedenfalls aber bildeten die unreinen Kohlen in den Ausschußsitzungen der Folgezeit kein Thema mehr.

Einen völlig anderen Gegenstand brachten die Altenwalder Vertrauensmänner in der Sitzung vom 11. Dezember 1900[73] auf die Tagesordnung: sie beantragten nämlich die Gründung eines Konsumvereins für die Grube Altenwald, und zwar wegen der ständig stei-

---

[68] ebenda, p. 406.
[69] ebenda, p. 416 ff.
[70] LAS, Best. 564, Nr. 808, p. 431 ff.
[71] ebenda, p. 458.
[72] ebenda, p. 513.
[73] ebenda, p. 392 ff.

genden Preise, welch die ortsansässigen Krämer forderten, und weil insbesondere die Bäcker ein Preiskartell aufgerichtet hätten, gegen das nicht anzukommen sei. Der Werksdirektor aber erinnerte daran, daß schon 1896 der Wunsch nach Gründung eines Altenwalder Konsumvereins geäußert worden, ihm damals aber nicht entsprochen worden sei, weil die Voraussetzungen dafür gefehlt hätten.

Eine solche Gründung sei nämlich nur angezeigt, wenn

1. die Grube so isoliert liege, daß für die Arbeiter keine Einkaufsmöglichkeit am Ort besteht, oder

2. der betreffende Ort so wenig Geschäfte aufweise, daß es an hinreichender Konkurrenz mangele.

Beides aber treffe für Altenwald nicht zu. Der Staat könne hier nur aktiv werden, wenn ein unabweisbares Bedürfnis nachgewiesen sei. Ein solcher Nachweis sei aber nur zu erbringen, wenn anhand von Preistabellen über mehrere Jahre hinweg dargetan werde, daß die Bergleute von den Krämern in Altenwald und den umliegenden Orten übervorteilt würden. Der Werksdirektor forderte daher die Vertrauensmänner auf, solche Tabellen aufzustellen und ihm einzureichen.

Das ganze Problem erledigte sich jedoch dadurch, „daß die Altenwalder Bäcker", wie es im Protokoll vom 29. März 1901[74] heißt, „augenscheinlich infolge der auf Errichtung eines Konsumvereins sich bemerkbar machenden Bewegung unter der Altenwalder Belegschaft einen Preisnachlaß haben eintreten lassen, so daß die jetzigen Brotpreise normal" seien. Damit entfalle aber der Hauptgrund für die Errichtung eines Konsumvereins, und wenn der Preisnachlaß nicht nur ein vorübergehender sei, könne man die Sache auf sich beruhen lassen.

Das Thema Konsumverein stand noch einmal am 2. März 1904 zur Debatte, diesmal war es ein Vertrauensmann der Grube Sulzbach, der den Wunsch äußerte, die Betriebsleitung möchte für die Insassen des neuen Sulzbacher Schlafhauses einen Konsumverein gründen. Doch der Werksdirektor lehnte auch dies unter dem Hinweis auf die früher in dieser Richtung vorgetragenen Wünsche ab, „da ein Bedürfnis nicht vorliege".[75]

In der Sitzung vom 17. September 1915 wurde u.a. auch die Arbeitsleistung der russischen Kriegsgefangenen erörtert, was hier deshalb nicht unerwähnt bleiben soll, weil in diesem Punkte die Ansichten offenbar weit auseinander gingen. Die Vertrauensleute, oder doch ein großer Teil von ihnen, führten nämlich „lebhafte Klage über die Minderleistung der auf den Gruben beschäftigten russischen Kriegsgefangenen. Der Vorsitzende betonte demgegenüber, daß er in der letzten Schicht im August die Drittelführer sämtlicher Kameradschaften, in denen Russen beschäftigt waren, habe befragen lassen, ob sie mit der Verrechnung der Russen als Schlepper 2. Klasse einverstanden wären. Die Antwort wäre ohne Ausnahme bejahend ausgefallen.

---

[74] ebenda, p. 400 ff.
[75] ebenda, p. 521 f.

Er hätte daraus schließen müssen, die Leute wären mit den Leistungen der Kriegsgefangenen im allgemeinen zufrieden gewesen. Denselben Eindruck hätte er auch bei seinen Grubenfahrten gewonnen, bei denen ihm stets bestätigt worden wäre, daß die Leistungen der Russen bisher zufriedenstellend gewesen seien". Wenn ihm jedoch in einzelnen Fällen nachgewiesen werde, daß die Leistungen von Kriegsgefangenen nicht an die von Schleppern 2. Klasse zu fordernden heranreichen, so sei er bereit, in diesen Fällen eine geringere Bezahlung eintreten zu lassen.[76]

Abschließend wird man feststellen müssen, daß der Ausschuß der Vertrauensmänner auch während der hier behandelten Periode kaum irgend etwas hat bewirken können, weil ihm die dazu notwendige Kompetenz fehlte. Die Vertreter der Belegschaft durften zwar Wünsche, Anregungen und Beschwerden vortragen und mit dem Werksdirektor diskutieren, doch diesem allein stand die Entscheidung zu, so daß, jedenfalls in allen wichtigen Fragen, den Vertrauensleuten handgreifliche Erfolge versagt blieben. Kein Wunder also, wenn ihnen die meisten ihrer Kollegen mit Skepsis begegneten.

b) die Schlafhäuser

In den Jahren 1902/03 wurde in Sulzbach mit einem Kostenaufwand von 211 000 M ein neues Schlafhaus gebaut, das 324 Mann Unterkunft gewähren konnte. In einem zeitgenössischen Bericht[77] wird es als ein „nach modernen Grundsätzen errichtetes Gebäude" bezeichnet mit einer Deckenhöhe von 4 m. Im Erdgeschoß befanden sich 2 Schlafsäle für je 16 Mann und 6 für je 14 Mann; im 1. Stock gab es 3 Schlafsäle für je 16 Mann und 12 für je 14 Mann. In dem Gebäude befanden sich außerdem Versammlungsräume, eine Hausmeisterwohnung und drei Kochküchen, in denen sich die Bergleute ihre Mahlzeiten selbst zubereiten konnten.

„Das Innere des Gebäudes machte einen sehr freundlichen Eindruck, da überall für Licht und Luft genügend gesorgt und auf möglichst große Reinlichkeit bedacht genommen ist. Zentralheizung, elektrische Beleuchtung, Hydranten gegen Feuergefahr, geruchlose Wasserklosetts usw. haben Aufnahme gefunden", heißt es weiter in dem zitierten Bericht. Mit dem von den Insassen zu entrichtenden Schlafgeld von 2,00 M monatlich, wofür auch die Bettwäsche gestellt und gewaschen wurde, waren die Unkosten natürlich nicht zu decken, so daß die Grube jährlich 7 000 M zuschießen mußte, denn Heizung, Beleuchtung und Reinigung geschahen auf Kosten der Grube.

Neben diesem neuen Schlafhaus bei den Mellinschächten existierten nach wie vor die beiden älteren Schlafhäuser der Grube Altenwald, wo außerdem zwei inzwischen überflüssig gewordene Pferdeställe als Schlafhäuser genutzt wurden. Daß auf die Unterbringung eines großen Teils der Belegschaft in diesen Schlafhäusern immer noch nicht verzichtet werden konnte, zeigte sich daran, daß sie durchweg stets voll belegt waren, wie nachfolgende Tabelle deutlich macht:[78]

---

[76] LAS, Best. 564, Nr. 334, p. 374.
[77] Saarbrücker Bergmannskalender, 1905, S. 44.
[78] Zusammengestellt nach Daten in LAS, Best. 564, Nr. 526 und Nr. 1887.

Jahr	Sulzbach		Altenwald 4		Altenwald 5	
	Betten	belegt	Betten	belegt	Betten	belegt
1903	–	–	200	200	222	222
1904	keine Ang.	keine Ang.	keine Ang.	keine Ang.	keine Ang.	keine Ang.
1905	324	324	200	200	222	222
1906	324	324	200	200	222	222
1907	324	324	200	200	222	222
1908	324	324	200	200	222	222
1909	324	324	200	200	222	222
1910	325	325	200	200	222	222
1911	325	325	200	200	222	222
1912	325	325	200	200	222	222
1913	325	325	200	200	222	222
1914	325	325	200	200	222	222
1915	326	326	200	168	129	123
1916	keine Ang.	keine Ang.	198	196	222	95
1917	keine Ang.	keine Ang.	200	174	222	222
1918	321	321	200	200	266	266
1919	366	366	200	200	300	300
1920	366	366	200	200	289	289

Jahr	Pferdestall bei den Eisenbahnschächten		Pferdestall beim Gegenortschacht		Insgesamt	
	Betten	belegt	Betten	belegt	Betten	belegt
1903	8	8	40	40	470[79]	470
1904	keine Ang.	keine Ang.	keine Ang.	keine Ang.	keine Ang.	keine Ang.
1905	8	6	40	40	794	792
1906	8	7	40	40	794	793
1907	8	7	40	40	794	793
1908	8	7	40	40	794	793
1909	8	7	40	40	794	793
1910	9	9	40	40	796	796
1911	9	9	40	40	796	796
1912	8	8	40	40	795	795
1913	8	8	40	40	795	795
1914	8	8	40	40	795	795
1915	8	3	40	30	703	650
1916	8	8	38	32	466[79]	331
1917	8	8	40	40	470[79]	444
1918	8	8	40	40	845	835
1919	6	6	40	40	912	912
1920	8	8	40	40	903	903

[79] nur Altenwald.

c) das Ansiedlungswesen

Wie schon in den vorausgegangenen Jahrzehnten, blieb auch in den 15 Jahren vor Kriegs-ausbruch die Bautätigkeit bescheiden, wie folgende Tabelle zeigt:[80]

Jahr	Anzahl der bewilligten		Jahr	Anzahl der bewilligten	
	Prämien	Darlehen		Prämien	Darlehen
1901	2	2	1908	3	3
1902	2	2	1909	3	3
1903	1	1	1910	—	—
1904	—	—	1911	2	2
1905	3	3	1912	4	4
1906	2	2	1913	6	6
1907	4	4	1914	10	10

Dafür ging der Bergfiskus nun mehr und mehr dazu über, auf eigene Rechnung Häuser zu bauen und die Wohnungen an die Belegschaft zu vermieten, eine Entwicklung, die zwar schon Mitte der 70er Jahre begonnen hatte, aber erst mit Beginn des 20. Jahrhunderts grö-ßeren Umfang annahm, seit der Staat dafür größere Geldmittel zur Verfügung stellte.

Diese Mietwohnungen waren meistens Zweifamilienhäuser, seltener Vierfamilienhäuser, und lagen teils zerstreut, teils in geschlossenen Kolonien. Die einstöckigen Doppelhäuser, die man übrigens noch heute überall sehen kann, enthielten im Erdgeschoß auf jeder Seite neben dem Hausflur die Küche nebst zwei Stuben, im Dachgeschoß weitere 2 Zimmer und einen Speicherraum; die gesamte Wohnfläche betrug 88 qm, die Baukosten eines solchen Zweifamilienhauses beliefen sich auf 10 000 M.

Die zweistöckigen Vierfamilienhäuser waren aufgeteilt in zwei übereinander liegende Wohnungen mit je einer Küche und 2 Stuben, die anderen beiden Wohnungen bestanden aus Küche und 3 Zimmern. Zu jeder Wohnung gehörten ferner 2 Dachräume, 1 Keller-raum, zwei Stallräume sowie ein großer Garten beim Hause.[81]

Im Bereich der Grube Sulzbach-Altenwald war der fiskalische Mietwohnungsbau in den Jahren 1903 – 07 besonders lebhaft, um in den letzten Jahren vor dem Ersten Weltkrieg merklich nachzulassen:[82]

---

[79] nur Altenwald.
[80] Zusammengestellt aus: LAS, Best. 564, Nr. 141.
[81] Saarbrücker Bergmannskalender, 1905, S. 43.
[82] Zusammengestellt aus: LAS, Best. 564, Nr. 141.

Jahr	Doppelwohnungen		Zweifamilienhäuser	
	für Beamte	für Arbeiter	für Beamte	für Arbeiter
1903	7	29	—	41
1904	7	12	6	3
1905	—	—	1	1
1907	—	—	2	17
1910	—	—	2	3
1911	—	—	1	3
1912	—	—	2	—

Im Jahre 1905 gab es im gesamten Saarrevier 373 bergfiskalische Mietshäuser mit 667 Wohnungen, für deren Errichtung insgesamt 3 596 150 M aufgewendet worden waren.

V. Die letzten Jahre

Mangels einer hinreichend dichten Aktenüberlieferung lassen sich die letzten 12 Jahre der Grube Sulzbach-Altenwald zwar nicht mehr so detailliert dokumentieren wie in den bisher behandelten zeitlichen Abschnitten, doch reicht die Überlieferung aus, um die Entwicklung im wesentlichen nachzuzeichnen. Zunächst einmal wäre zu bemerken, daß die Saargruben, soweit sie sich im preußischen Staatsbesitz befunden hatten, nach der Übernahme durch Frankreich Staatsunternehmen blieben, nunmehr im französischen Staatsbesitz. Ferner änderte sich auch organisatorisch gar nichts, die französische Administration behielt im wesentlichen die Förderstandorte der preußischen Berginspektionen bei, und sie arbeitete, wie einst zu Napoleons Zeiten, mit dem deutschen Personal, lediglich die Führungskräfte wurden durch französische Beamte ersetzt. Die Grube Sulzbach, nunmehr „Mellin" genannt, und Altenwald bildeten nach wie vor die Berginspektion V als betriebswirtschaftliche Einheit.

Der Vollständigkeit halber sei noch vermerkt, daß die ursprünglich bayrischen Gruben St. Ingbert und Bexbach sowie die Privatgrube Frankenholz ebenfalls unter französische Verwaltung kamen. Die Inspektion VIII gab während der französischen Administration die Grube Wellesweiler an die Division Bexbach ab, die dann 1934 eingestellt wurde. In den Jahren 1925 – 27 wurde der Marcel-Bertrand-Schacht I in Schiffweiler abgeteuft und somit eine neue Außenschachtanlage geschaffen, während in der Inspektion IX 1928 die Grube Friedrichsthal aufgegeben wurde, so daß hier nur die Grube Maybach als selbständiger Förderstandort bestehen blieb.[1]

Der technische Betrieb war in diesen Jahren vor allem gekennzeichnet durch zwei wichtige Neuerungen: der Einsatz der mit Druckluft betriebenen Abbauhämmer und die vermehrte Verwendung der Schrämmaschine, beides Mittel zur Mechanisierung der Kohlegewinnung vor Ort, wodurch eine Steigerung der Arbeitsproduktivität erzielt wurde, die sich, wie noch zu zeigen sein wird, in einer entsprechenden Erhöhung der Schichtleistungen niederschlug. Zwecks umfassender Anwendung von Druckluft als Antriebsmittel wurden an den Mellin- und Eisenbahnschächten sowie am Kolonieschacht drei elektrische Kompressoren von je 800 PS Leistung aufgestellt.[2]

Die Verwendung von Druckluft-Abbauhämmern hatte nun nicht nur eine größere Arbeitsleistung und damit auch die Möglichkeit höheren Verdienstes zur Folge, sondern es wurden zugleich zwei für den Bergmann stets lauernde Gefahrenquellen zwar nicht völlig beseitigt, aber doch eingedämmt: die Mechanisierung der Gewinnung ermöglichte einen schnelleren Vortrieb des Abbaues, wodurch das Hangende besser blieb und die Gefahr des Zubruchgehens weniger bestand. Der Einsatz der komprimierten Luft anstelle des Sprengstoffes reduzierte ferner die Gefahr der Schlagwetter- oder Kohlenstaubexplosionen; daß diese aber niemals ganz zu beseitigen waren, machte die große Schlagwetter-

---

[1] Robert Waldura: Bergbau im Wandel. In: Saarbrücker Bergmannskalender 1966, S. 63.
[2] Louis Bourdoire: Die Inspektion V zu Sulzbach. In: Saarbrücker Bergmannskalender, 1927, S. 25.

und Kohlenstaubexplosion vom 25. Oktober 1930 auf Maybach erschreckend deutlich, die 98 Tote und 23 Verletzte forderte.[3]

Die Elektrifizierung wurde auch unter französischer Verwaltung weiter vorangetrieben: die Grube Altenwald erhielt 1927/28 eine neue, moderne elektrische Fördermaschine, nicht zuletzt auch zum Wohle der rauchgeplagten Anwohner von Altenwald; an den Mellinschächten wurden die Feuerungsanlagen modernisiert und erweitert. Weitere technische Verbesserungen bestanden in der Einführung von Grubenwagen aus Eisenblech anstelle der bis dahin ausschließlich hölzernen Wagen; der Transport unter Tage wurde vermehrt mit Hilfe von Benzol-Lokomotiven durchgeführt anstelle der Pferdeförderung. Die Mellinschächte erhielten in der 5. Sohle zur Verbesserung der Wasserhaltung eine neue Pumpe mit einer Leistung von 5 m³ pro Minute zu den zwei vorhandenen, die je 3,5 m³ leisteten.

Die Förderung kam in den ersten Jahren der französischen Verwaltung nur schleppend in Gang, sie blieb bis 1923 weit hinter dem Vorkriegsniveau zurück, obwohl die Belegschaft im Jahre 1920 um 1 000 Mann oder 22 % größer war als im Jahre 1913. Worauf das zurückzuführen war, ist schwer zu sagen, doch läßt sich die niedrige Förderleistung aus der relativ schwachen Nachfrage, der Umorientierung des Absatzes auf den französischen Wirtschaftsraum allein kaum erklären. Man wird vielmehr auch berücksichtigen müssen, daß während des Krieges die Aus- und Vorrichtungsarbeiten fast völlig ausgesetzt worden waren, so daß diese nach dem Kriege verstärkt betrieben werden mußten, was auf Kosten

Jahresförderung[4]

Jahr	Mellin to	Altenwald to	Insgesamt to
1920	334 413	575 848	910 261
1921	301 418	528 129	829 547
1922	319 926	613 180	933 106
1923	278 647	501 883	780 530
1924	420 237	762 840	1 183 077
1925	381 734	696 478	1 078 212
1926	415 671	752 663	1 168 334
1927	422 932	675 398	1 098 330
1928	391 212	589 795	981 007
1929	389 503	625 151	1 014 654
1930	373 891	565 228	939 119
1931	323 048	471 963	795 011
1932	289 941	173 404[5]	463 345

[3] LAS, Best. 564, Nr. 2315, p. 82.
[4] Die in den Akten überlieferten Förderziffern differieren teilweise nicht unerheblich, ohne daß ersichtlich, worauf dies zurückzuführen ist. Die hier wiedergegebenen Daten finden sich in: LAS, Best. 564, Nr. 2320, p. 33.
[5] Bis 30. Juni, dem Datum der Stillegung.

der Gewinnungsarbeiten ging. Doch in welchem Umfang dies die Förderleistung beeinträchtigt haben mag, läßt sich nicht angeben.

Erst nach dem großen Streik von 1923 erreichte die Förderung ein beachtliches, wenngleich immer noch unter dem Vorkriegsstand liegendes Niveau. Doch schon 1927/28 machte sich eine Abschwächung der Konjunktur bemerkbar, die dann in die große Krise einmündete, wie die Tabelle Seite 115 zeigt.

Der drastische Rückgang der Förderung um 16,5 % im Jahre 1923 war auf einen 100-tägigen Streik zurückzuführen, mit welchem die Bergleute in erster Linie höhere Löhne durchsetzen wollten,[6] die in den drei Jahren zuvor, wahrscheinlich als Folge sinkender Kohlenpreise, deutlich abgesunken waren. Der langdauernde Ausstand brachte den gewünschten Erfolg, denn die Löhne lagen, wie die unten wiedergegebene Tabelle zeigt, im Jahre 1924 beinahe um 20 % über dem Niveau von 1923.

Die Minderförderung des Jahres 1925 war wiederum das Ergebnis eines 14-tägigen Streiks,[7] während die rückläufigen Förderziffern ab 1928 die Folge einer zunächst allmählich nachlassenden Konjunktur waren, ab 1930 dann verursacht durch die einsetzende Wirtschaftskrise und die damit einhergehende drastische Reduktion der Belegschaft. Die entsprechenden Daten sind für Sulzbach-Altenwald zwar nicht überliefert, doch im Saarrevier insgesamt ging die Zahl der in den Gruben Beschäftigten von ihrem Höchststand im Jahre 1924 mit 78 065 Mann auf 43 621 Mann im Januar 1933 zurück,[8] ein Rückgang um 44 %, den man für Sulzbach-Altenwald in der gleichen Größenordnung wird annehmen dürfen, so daß man für das Jahr 1932 auf eine Belegschaft von rund 2 600 Mann käme. Dementsprechend lag die Förderung auf Mellin 1932 um 31 % unter derjenigen des Jahres 1924, auf Altenwald sogar um 55 %.

Im Falle der Grube Altenwald war dieser drastische Abfall der Förderung wohl nicht nur ein Ausdruck der Krise, sondern auch ein Indiz für die schon seit Mitte der 20er Jahre bestehende Absicht, die Grube stillzulegen. In einem Bericht der Saarbrücker Zeitung vom 26. März 1925[9] heißt es: „Auf Grube Altenwald ist man auch dazu übergegangen, geringere Kohlenflöze wegen angeblicher Unrentabilität nicht mehr abzubauen und diese zu Bruch gehen zu lassen. Über kurz oder lang dürfte diese Grube das gleiche Schicksal wie die Grube Friedrichsthal treffen".

Leider sind zu dieser Frage keine amtlichen Äußerungen überliefert, doch dürfte die Unrentabilität nicht bloß „angeblich" gewesen sei, denn andernfalls hätte die deutsche Verwaltung nach 1935 die Grube Altenwald sicher wieder eröffnet; doch sie blieb stattdessen geschlossen, ein Hinweis dafür, daß sie wohl nicht ein Opfer der Krise gewesen ist.

Aus der Tatsache, daß die französische Administration die Saargruben für die eigene Wirtschaft nutzbar machen wollte, ergab sich naturgemäß eine gegenüber der Vorkriegs-

---

[6] LAS, Best. 564, Nr. 2315, p. 18.
[7] ebenda, p. 24.
[8] LAS, Best. 564, Nr. 2323, p. 367 ff. Dort sind die Belegschaftszahlen, Förderung und Arbeitsleistung von Januar 1933 – Juni 1934 monatlich aufgeschlüsselt.
[9] LAS, Best. 564, Nr. 2315, p. 48.

zeit andere Absatzstruktur, die sich zwar nicht für die Grube Mellin – Altenwald, wohl aber für das ganze Saarrevier deutlich machen läßt:

Förderung und Absatz der Saargruben[10]

Jahr	Förderung	Absatz			
		Saargebiet	%	übriges Deutschland	%
	to	to		to	
1913	13 766 440	4 214 793	30,7	4 557 385[11]	33,3
1920	9 834 759	2 715 895	27,6	70 770	0,7
1921	9 856 081	2 750 894	28,1	250 099	2,6
1922	11 569 859	3 506 289	30,3	1 166 381	10,1
1923	9 419 025	2 800 491	30,0	338 441	3,6
1924	14 583 224	3 962 214	27,1	1 048 358	7,2
1925	13 666 311	3 862 347	28,2	938 362	6,8
1926	14 639 309	4 258 368	29,2	777 827	5,3
1927	14 352 371	4 359 650	30,3	1 046 410	7,3
1928	13 529 351	4 454 306	33,0	1 155 294	8,6
1929	13 926 673	4 409 097	31,7	1 010 159	7,3
1930	13 584 231	4 380 728	32,2	867 051	6,4
1931	11 507 881	3 549 962	30,9	760 057	6,6
1932	10 666 271	2 963 391	27,7	821 874	7,7

[10] Die Daten beziehen sich auf die „Mines Domaniales", ohne die verpachteten Gruben Frankenholz und Reisweiler: LAS, Best. 564, Nr. 2320, p. 17 ff.
[11] ohne Elsaß-Lothringen

Jahr	Absatz				Halden-bestände[13]
	Frankreich[12]	%	übriges Ausland	%	
	to		to		to
1913	2 583 976	18,8	1 101 313	8,0	—
1920	4 500 697	45,8	300 702	3,0	keine Angaben
1921	3 207 474	32,5	1 288 341	13,0	keine Angaben
1922	3 877 852	33,5	1 403 999	12,1	keine Angaben
1923	3 507 646	37,3	1 105 719	11,8	keine Angaben
1924	5 435 219	37,3	1 698 615	11,6	keine Angaben
1925	4 693 570	34,2	1 483 914	10,8	keine Angaben
1926	5 410 696	37,1	1 203 235	8,2	keine Angaben
1927	4 362 637	30,3	1 176 131	8,2	596 799
1928	4 431 440	32,8	1 341 400	9,7	399 352
1929	4 925 043	35,5	1 119 340	8,1	keine Angaben
1930	4 478 058	32,9	1 024 293	7,5	248 285
1931	3 740 676	32,5	857 504	7,5	569 067
1932	4 003 515	37,4	875 786	8,1	488 712[14]

Wie aus der Tabelle ersichtlich, hatte die Gesamtförderung aller Saargruben, im Gegensatz zu Mellin – Altenwald, die Vorkriegsleistung in den Jahren 1924 – 27 nicht nur wieder erreicht, sondern sogar überschritten. Doch schon im Jahre 1927 konnte die „Stetigkeit der Förderung nur dadurch erreicht werden, daß die Halden als Ventile des Absatzmangels genutzt wurden. Im Januar 1927 betrugen die Haldenbestände noch 74 227 to, ... im Dezember 600 787".[15]

---

12 einschließlich Elsaß-Lothringen
13 LAS, Best. 564, Nr. 2315, p. 56 ff.
14 Die Zahl gilt für Oktober 1932, für das Jahresende ist der Haldenbestand nicht überliefert.
15 Saarbrücker Zeitung vom 21. Februar 1928: LAS, Best. 564, Nr. 2315, p. 44.

Während die Schichtleistungen im Kriege, mit Ausnahme des letzten Kriegsjahres, auf beachtlicher Höhe hatten gehalten werden können, sanken sie schon im ersten Nachkriegsjahr beträchtlich ab und bewegten sich 1920–22 auf einem noch niedrigeren Niveau. Von 1923 ab nahm die Schichtleistung allmählich zu, erreichte jedoch erst 1928 den Stand von 1913, um diesen dann ausgerechnet während der Krisenjahre bedeutend zu überschreiten:

Belegschaft,[16] Schichtleistung,[17] Löhne[18]

| Jahr | Belegschaft | Schichtleistung (kg) | | | | Löhne (fr) | |
| | | Mellin | | Altenwald | | | |
		unter Tage	insgesamt	unter Tage	insgesamt	im Gedinge	Insgesamt im Durchschnitt
1920	5 662	532				24,90	21,68
1921	5 780	516				20,24	18,51
1922	5 726	552				16,79	15,56
1923	5 751	924	733	857	695	22,01	20,29
1924	5 851	992	791	932	748	26,25	24,37
1925	5 731	963	757	939	754	29,16	27,06
1926	k. Ang.	1 041	809	963	760	36,66	34,07
1927	k. Ang.	k. Ang.	k. Ang.	k. Ang.	k. Ang.	40,04	37,54
1928	k. Ang.	1 201	933	1 124	886	39,78	37,50
1929	k. Ang.	1 242	951	1 259	992	k. Ang.	k. Ang.
1930	k. Ang.	1 287	985	1 227	969	43,84[20]	k. Ang.
1931	2 800[19]	1 359	1 035	1 249	988	k. Ang.	k. Ang.
1932	2 200[19]	1 480	1 141	k. Ang.	k. Ang.	k. Ang.	k. Ang.

Die drastische Zunahme der Belegschaft von 1919 auf 1920 um rund 800 Mann dürfte wohl nicht die Folge eines so großen Arbeitskräftebedarfs gewesen sein, sondern sie ist eher zu erklären aus dem Bestreben, die zahlreich heimkehrenden Kriegsgefangenen und Soldaten in Lohn und Brot zu bringen. Aus dieser Übersetzung mit Arbeitskräften sowie aus dem schon erwähnten Umstand, daß jetzt in verstärktem Maße Aus- und Vorrichtungsarbeiten vorzunehmen waren unter Hintansetzung der Gewinnung, dürften in erster

---

[16] L. Bourdoire, a.a.O., S. 27.
[17] Zusammengestellt aus LAS, Best. 564, Nr. 2317. Für 1920–22 finden sich dort keine Daten. Sie sind errechnet aus der in Best. 564, Nr. 2491 angegebenen Förderung pro Arbeitstag, dividiert durch die Zahl der Belegschaft. Die Ziffern erscheinen etwas zu niedrig, möglicherweise sind die Belegschaftszahlen bei Bourdoire zu hoch angegeben. Eine solche Annahme gewinnt an Wahrscheinlichkeit dadurch, daß Bourdoire für 1919: 5 034 Mann angibt, während in den Akten nur 4 861 Mann genannt sind.
[18] LAS, Best. 564, Nr. 2316, p. 68 f.
[19] Überschlägig errechnet aus Gesamtförderung, Schichtleistung und Zahl der verfahrenen Schichten.
[20] Für Sulzbach keine Angaben, bezieht sich auf alle Saargruben.

Linie die geringen Schichtleistungen der ersten Nachkriegsjahre zu erklären sein, wenngleich wohl nicht ganz auszuschließen ist, daß auch eine absichtliche Zurückhaltung mit der Leistung aus nationalem Ressentiment vorgelegen haben könnte. Die sinkenden Löhne waren überdies kaum dazu angetan, als Motivation zur Leistungssteigerung zu wirken.

Von 1923 – 31 nahmen dann die Leistungen pro Mann und Schicht sowohl auf Mellin als auch auf Altenwald, bezogen auf die Gesamtbelegschaft, um 46 % zu, bezogen auf die Untertage-Arbeiter um 42 %. Diese bedeutende Leistungssteigerung wird man indessen nicht allein auf die zunehmende Mechanisierung der Gewinnungsarbeiten zurückführen dürfen, sondern sie war vor allem in den Krisenjahren sicherlich auch eine Folge der Sorge um den Verlust des Arbeitsplatzes; immerhin waren im Saarrevier im Dezember 1931 bereits 2 172 Bergleute als arbeitslos gemeldet, im Mai 1932 waren es 6 055.[21]

Die nunmehr in französischer Währung gezahlten Löhne lassen sich mit den zuvor in Mark verdienten schwer vergleichen, weil schon im Jahre 1919 die in Deutschland einsetzende Inflation den Frankenkurs in die Höhe trieb: der 1919 verdiente Spitzenlohn im Gedinge in Höhe von 11,00 M entsprach nach dem amtlichen Kurs der Regierungskommission[22] im Januar 8,50 fr, im Dezember 1919 aber nur noch 2,44 fr. Rechnet man umgekehrt die 1920 – 23 gezahlten Frankenlöhne über die offiziellen Kurse zur Mark und den deutschen Inflationsindex in Goldmark um, dann entsprechen die Löhne im Dezember 1920: 8,07 M, im Dezember 1921: 11,75 M, im Dezember 1922: 8,41 M, und im Mai 1923: 7,28 M. Aber eine solche Umrechnung ist schon deshalb problematisch, weil die offiziellen Kurse der Geldentwertung hinterher hinkten, die Währungsparität der Kaufkraftparität nicht entsprach.

Unmittelbar fühlbar für den saarländischen Bergmann waren indessen die Lohnkürzungen in den Jahren 1920 – 22 um nicht weniger als rund 30 %, die umso schmerzlicher sein mußten, als ja auch in Frankreich die Inflation zwar nicht galoppierte, wie in Deutschland, so doch trabte. Auch in Frankreich hatte man während des Krieges die Währung künstlich auf dem Vorkriegsniveau gehalten, doch gleich nach dem Kriege wurde die zurückgestaute Inflation offenbar, der Frankenkurs gab nach und erreichte 1926 seinen Tiefstand mit 200 fr für das Pfund Sterling oder ⅛ des Vorkriegskurses. Da die deutsche Währung inzwischen auf dem Vorkriegsniveau stabilisiert worden war, entsprach der 1926 an der Saar verdiente Lohn von 34,07 fr nur 3,41 RM.

Der Saarbergmann erlitt also 1920 – 22 einen Einkommensverlust, der real noch größer war als die oben genannten 30 %, daher der 3-monatige Streik im Jahre 1923, der zu einer Anhebung der Löhne um immerhin rund 20 % führte. In den Jahren 1926 – 28 war es dann das Verdienst Poincarés, den Sturz des Franken aufgehalten und bei einer Parität von 124 fr für ein Pfund Sterling oder ⅕ des Vorkriegskurses stabilisiert zu haben. Der in der Tabelle oben aufgeführte Lohn von 37,50 fr im Jahre 1928 entsprach demnach etwa 6,00 RM, die 43,84 fr von 1930 etwa 7,00 RM, woraus erhellt, daß die Löhne an der Saar deut-

[21] LAS, Best. 564, Nr. 2318.
[22] Gerhard Wiegand: Französische Währungs- und Zollpolitik im Saargebiet, Berlin/Leipzig 1929, S. 103.

lich unter denen des Ruhrgebietes lagen: dort betrug der durchschnittliche Schichtlohn im Jahre 1928: 8,57 RM, und 1930: 9,00 RM.[23]

Die Bevölkerung der Gemeinde Sulzbach war von 1910 – 1925 nur um 6,0 % angewachsen, die Zahl der ortsansässigen Bergleute hingegen hatte um 26,4 % zugenommen; da sich jedoch unter ihnen ein relativ hoher Anteil von Ledigen befand, betrug die Zunahme der bergmännischen Bevölkerung nur 13,2 %. Daraus ergibt sich, daß das bergmännische Element jetzt größer war als vor dem Kriege:[24]

	1910	%	1925	%
Gesamtbevölkerung	22 433		23 785	
davon Bergleute	2 873	12,8	3 631	15,3
Bergleute mit Angehörigen	11 006	49,1	12 455	52,4

[23] Wilhelm Carl: Die Übererzeugung im Ruhrkohlenbergbau 1913 – 33, Jena 1938, S. 264 f.
[24] P. Maus: Bergmannsverhältnisse der Grube Sulzbach. In: Saarbrücker Bergmannskalender, 1940, S. 73.

Epilog

Nach der Stillegung der Grube Altenwald Ende Juni 1932 wurde Mellin (Sulzbach), die ja als die weniger bedeutende der beiden Gruben niemals als selbständige Betriebseinheit bestanden hatte, sondern immer entweder mit Dudweiler oder Altenwald verbunden gewesen war, zunächst mit der Grube Maybach vereinigt. Als dann im Jahre 1935 die Saargruben wieder in deutschen Besitz übergingen und eine völlig neue Organisation geschaffen wurde, indem an die Stelle der 12 Inspektionen drei „Gruppen" (West, Mitte, Ost) traten, bildete Mellin mit Maybach und St. Ingbert das Steinkohlenbergwerk Sulzbach, das zur Gruppe Mitte gehörte. Bergrechtlich und bergpolizeilich ressortierten die Saargruben auch nicht mehr vom Oberbergamt Bonn, sondern dem neu gegründeten Oberbergamt Saarbrücken.

Diese Gruppeneinteilung der deutschen Verwaltung blieb auch nach 1945 zunächst erhalten, erst 1954, als die Saargruben in den Besitz der paritätisch französisch-saarländischen Treuhandverwaltung übergingen, wurden 6 Bergwerksdirektionen gebildet, eine davon in Sulzbach mit den Gruben Maybach, Reden und Mellin, doch letztere wurde noch im gleichen Jahre als Förderstandort aufgegeben, die Förderung aus dem Felde Mellin ging fortan durch die Maybachschächte zu Tage. Im Jahre zuvor hatte die Förderung der Mellinschächte pro Tag bei 2 600 – 2 900 to oder 750 – 800 000 to jährlich gelegen, die Schichtleistung hatte, bezogen auf die Unter-Tage-Belegschaft, 2,0 to betragen.[1]

Die Kohlenförderung an der Saar war im Jahre 1955 mit 17,2 Mill. to auf einem Höchststand angelangt,[2] sie nahm dann unter dem Druck des sich verändernden Energiemarktes und der daraus resultierenden Absatzlage allmählich ab, so daß sie 1962 nur noch 15 Mill. to betrug,[3] gleichwohl wuchsen die Kohlenhalden von 100 000 to im Jahre 1957 auf 1,5 Mill. To im Jahre 1961, und dies, obgleich die Belegschaft (ohne Angestellte) von 58 966 im Jahre 1957 auf 46 896 drei Jahre später abgebaut worden war.[4] Der Grund dafür lag in der Erhöhung der Schichtleistung, die im gleichen Zeitraum von 1 836 kg, bezogen auf die Unter-Tage-Arbeiter, auf 2 084 kg zugenommen hatte,[5] ermöglicht durch die zunehmende Mechanisierung der Gewinnung: hatte die vollmechanische Gewinnung im Jahre

[1] LAS, Best. Bergamt Saarbrücken Ost, Nr. 2201 b.
[2] LAS, Best. Oberbergamt Saarbrücken, Nr. 15, p. 14.
[3] ebenda, Nr. 20, p. 1.
[4] LAS, Best. Oberbergamt Saabrücken, Nr. 15, p. 48; Nr. 18, p. 68.
[5] ebenda, Nr. 15, p. 53; Nr. 18, p. 74.

1957 noch einen Anteil von nur 4,4 % an der gesamten Kohlegewinnung gehabt, so lag ihr Anteil drei Jahre später schon bei 43,4 %.[6]

Dem stand die Tatsache gegenüber, daß, wie es im Hauptverwaltungsbericht des Oberbergamtes Saarbrücken für das Jahr 1959 heißt,[7] „der Steinkohlenbergbau des Saarlandes sich seit dem Vorjahr in der allgemeinem europäischen Strukturkrise dieses Wirtschaftszweiges befindet. Für ihn galt es, sich der ... rückläufigen Absatzlage nach Möglichkeit anzupassen. Die Bestrebungen gehen dahin, die Haldenbestände ... nicht zu hoch anwachsen zu lassen, und andererseits Feierschichten infolge Absatzmangels einzudämmen, um die leistungsfähigen Jahrgänge der Belegschaft dem Betrieb zu erhalten und Abwanderungen zu vermeiden.

Dies Problem konnte noch nicht in einem befriedigenden Umfang gelöst werden. Tatsächlich haben sich die Haldenbestände um 0,55 Mio. to auf 1,45 Mio. to erhöht, und 20 Feierschichten mußten im Laufe des Jahres auf allen Gruben der Saarbergwerke AG. eingelegt werden. In Verfolg der oben genannten Ziele mußte sich der Steinkohlenbergbau bemühen, die Förderkapazität in Anpassung an die verringerte Aufnahmefähigkeit des Marktes zu vermindern. Betriebsstillegungen, Betriebseinschränkungen und -zusammenlegungen waren die Folge. Neueinstellungen wurden unterbunden, die Abgänge jedoch auf freiwillige Abkehr und natürliches Ausscheiden (Pension, Tod) beschränkt, um Härten zu vermeiden".

In diesem Zusammenhang wurde die zur Direktion Bexbach gehörende Grube St. Barbara stillgelegt, der Betrieb auf der Grube Viktoria stark gedrosselt; ferner wurden die „bisher selbständigen Gruben Maybach und Mellin-St. Ingbert zu einem Betrieb unter der Bezeichnung „Grube Maybach" zusammengefaßt. Die Betriebsabteilung St. Ingbert wurde dabei Ende des Jahres endgültig stillgelegt". Zwei Jahre später, 1961, fiel auch die Grube Mellin den Rationalisierungsmaßnahmen zum Opfer: die Förderung aus dem Felde Mellin hörte auf, einen Teil übernahm die vorübergehend wieder eröffnete Grube Altenwald, bis auch hier 1964 die Förderung definitiv gestundet wurde.

---

[6] ebenda, Nr. 15, p. 32; Nr. 18, p. 47.
[7] ebenda, Nr. 17, p. 14ff.

Quellen und Literatur

I. Quellen

Landesarchiv Saarbrücken (LAS)
Bestand 563 Bergamt Saarbrücken
Bestand 564 Bergwerksdirektion Saarbrücken
Bestand Oberbergamt Saarbrücken
Bestand Bergamt Saarbrücken Ost

II. Literatur

ALTMEYER, Edmund: Saarbergbau im Wandel (I). In: Saarbrücker Bergmannskalender 1965, S. 46 – 62.

ANHAUEN des Mathilde-Schachtes (Wetterschachtes der Grube Altenwald) am 5. November 1898. In: Der Bergmannsfreund 1898, Nr. 130, S. 907 f.

DIE ARBEITERFÜRSORGE der königlichen Bergwerksdirektion zu Saarbrücken auf dem Gebiete des Wohnungs- und Ansiedlungswesens. In: Saarbrücker Bergmannskalender 1905, S. 43 – 45.

BECKER, Nik. Paul: Sulzbach einst und jetzt. (= Heimatbuch der Gemeinde Sulzbach Saar). Sulzbach 1927.

BENTZ, Julius: Die Arbeiterpolitik des preußischen Staates als Unternehmer im Steinkohlenbergbau an der Saar. Diss. Köln 1921.

BENZIN-LOKOMOTIVEN auf der 5. Tiefbausohle der Grube Altenwald. In: ZBHSW 54 (1906), S. 258 – 59.

BILDER vom Steinkohlenbergwerk Sulzbach. In: Saarbrücker Bergmannskalender 1904, S. 61 f.

BLÄS, Hans: Das Pulver im Saarbergbau. In: Saarbrücker Bergmannskalender 1962, S. 79 – 82.

BOURDOIRE, Louis: Die Inspektion V zu Sulzbach. In: Saarbrücker Bergmanns-kalender 1927, S. 15 – 28.

CAPOT-REY, R.: La région industrielle sarroise. Territoire de la Sarre et bassin houiller de la Moselle. Etude Géographique. Paris 1934.

Herr Geheimer Bergrat Wilhelm CLEFF, Vorsitzender der königlichen Bergwerksdi-rektion zu Sulzbach. In: Der Bergmannsfreund 1907, Nr. 43, S. 341 f.

EICHHORST, Max: Die Lage der Bergarbeiter im Saargebiet. Eisleben 1901.

ENGERAND: Les houillères fiscales de la Sarre. o. O. 1919.

FEHN, Klaus: Das saarländische Arbeiterbauerntum im 19. und 20. Jahrhundert. In: Kellenbenz, Hermann (Hrsg.): Agrarisches Nebengewerbe und Formen der Re-agrarisierung im Spätmittelalter und 19./20. Jahrhundert (= Forschungen zur So-zial- und Wirtschaftsgeschichte, Band 21). Stuttgart 1975.

DIE FÖRDEREINRICHTUNG mit Seilfahrt auf den fisikalischen Saarbrücker Gruben. In: Glückauf 1883, Nr. 14.

FORSTER: Beschreibung der neuen Wasserhaltungsanlage mit elektrischem Antrieb auf der Grube Altenwald des königlichen Steinkohlenbergwerks Sulzbach Teil I und II. In: Der Bergmannsfreund 1902, Nr. 129, S. 1029 f.; Der Bergmannsfreund 1902, Nr. 130, S. 1036 f.

FREMGEN, Andreas / GERWERT, Otto E.: Saarbergbau im Wandel (III). In: Saarbrücker Bergmannskalender 1967, S. 48 – 58.

25JÄHRIGER GEDENKTAG des Grubenunglücks im Venitzschacht bei Sulzbach. In: Der Bergmannsfreund 1909, Nr. 133, S. 1067.

GERMER, Richard: Hundert Jahre Grube Mellin. In: Saarbrücker Bergmannskalender 1954, S. 18 – 20.

GRONERAD, Ernst: Die Siedlungspolitik des Bergfiskus im Saargebiete, ihre Entste-hung und Entwicklung, ihre wirtschaftlichen und sozialen Auswirkungen auf die Arbeitsverhältnisse. Diss. Köln 1923.

GUILLAUME, Martin: Der technische Betrieb der Saargruben unter der französischen Verwaltung. Saarlouis 1934.

HASSLACHER, Anton: Die Anwendung komprimierter Luft zum Betriebe unterirdi-scher Maschinen auf den königlichen Steinkohlengruben Sulzbach-Altenwald und Gerhard-Prinz-Wilhelm bei Saarbrücken. In: ZBHSW 17 (1869), S. 1 – 48.

HASSLACHER, Anton: Geschichtliche Entwicklung des Steinkohlenbergbaus im Saar-gebiet (= Der Steinkohlenbergbau des Preußischen Staates in der Umgebung von Saarbrücken, Teil 2), Berlin 1904.

HASSLACHER, Anton: Das Industriegebiet an der Saar und seine hauptsächlichen Indu-striezweige · Saarbrücken 1912.

HERBIG, E.: Die Löhne im staatlichen Steinkohlenbergbau bei Saarbrücken. In: JNS 39 (1910), S. 289 – 324.

HERBIG, E.: Das Saarbrücker Prämienhaus. In: ZBHSW 59 (1911), S. 506 – 571.

HERR, G.: Der Steinkohlenbergbau im Saargebiet. Berlin 1904.

JUNGHANN, Heinrich: Das Schlafhaus- und Einliegerwesen im Bezirk der königlichen Bergwerksdirektion Saarbrücken. Diss. Berlin 1912.

KLEIN, Ernst: Der Staat als Unternehmer im saarländischen Steinkohlenbergbau 1750 – 1850. In: Vjs für Sozial- und Wirtschaftsgeschichte 57 (1970), S. 323 – 349.

KLEIN, Ernst: Der Steinkohlenbergbau an der Saar während der siebziger Jahre des 19. Jahrhunderts. In: Wirtschaftliche und soziale Strukturen im säkularen Wandel. Festschrift für Wilhelm Abel zum 70. Geburtstag. Hannover 1974, S. 753 – 774.

KLEIN, Ernst: Bergfiskus und Kirche an der Saar im 19. Jahrhundert. ZGS 23/24 (1975), S. 157 – 193.

KLEIN, Ernst: Die Bergmännische Sparkasse an der Saar (1835 – 1867). In: Bankhistorisches Archiv. Zeitschrift zur Bankengeschichte 2 (1976) H. 1, S. 1 – 13.

KLOOS, J.: Entwicklung im Bergbau. Von Handarbeit zu Maschinenarbeit. Ein Bildbericht. In: 100 Jahre Grube Mellin, Sulzbach 1953, S. 20 – 24.

KÖRNER, Hans: Aus der Geschichte des Saarbergbaues. „Die Grube Sulzbach". In: Saarbrücker Bergmannskalender 1949, S. 66 – 70.

Aufstellung eines KÖRTING'SCHEN Wasserstrahlelevators im Gegenortschacht der Grube Altenwald. In: Der Bergmannsfreund 1893, Nr. 13, S. 101 f.

KOHLENWÄSCHE bei den Mellinschächten der Grube Sulzbach. In: Der Bergmannsfreund 1897, Nr. 37 (Beilage).

DIE KOLONIESCHACHTANLAGE der Grube Altenwald (Saar). In: Saarbrücker Bergmannskalender 1910, S. 94.

Herr Berghauptmann Gisbert KRÜMMER. In: Der Bergmannsfreund 1907, Nr. 39, S. 309 – 311.

LAUER, Walter: Sulzbach am Ende des 18. Jahrhunderts. In: Zeitschrift für saarländische Heimatkunde (1951), S. 39 – 48.

LICHNOCK, Wilhelm: Aus Sulzbach's Vergangenheit. Sulzbach 1877.

LINDEN, Gerd: Der Steinkohlenbergbau an der Saar unter preußischer Verwaltung (1815 – 1920). Diss. Graz 1961.

LISSMANN, Helmut: Bergmannswohnungsbau an der Saar – einst und heute. In: Saarbrücker Bermannskalender 1966, S. 39 – 46.

MAUS, Peter: Entwicklung der Bergmannsverhältnisse der Grube Sulzbach. In: Saarbrücker Bergmannskalender 1940, S. 73 – 77.

MAUS, Peter: Bergmannsleben in Sulzbach/Saar im Wandel der Zeiten. Ludwigshafen/ Saarbrücken 1941.

MAUS, Peter: 600 Jahre Sulzbach/Saar 1346 – 1946. Sulzbach 1946.

MAUS, Peter: Sulzbach im vergangenen Jahrhundert. Beitrag zu einer Ortschronik. In: 100 Jahre Grube Mellin, Sulzbach 1953, S. 13 – 15.

MORGENROTH, Leon: Die Entwicklung des Steinkohlenbergbaus im Saargebiet. Diss. Würzburg 1924.

MÜLLER, E.: Die Entwicklung der Arbeiterverhältnisse an den staatlichen Steinkohlebergwerken im Jahre 1816 bis 1903 (= Der Steinkohlenbergbau des Preußischen Staates in der Umgebung von Saarbrücken. 6. Teil) Berlin 1904.

OBÉ, Rudolf: Die Arbeiterverhältnisse im französischen fiskalischen Saarbergbau. Diss. Borna-Leipzig 1930.

PAULI, Kurt: Der Arbeiterbauer im Saarland. Untersuchung des Wandels in der Betriebs- und Lebensform. Diss. Heidelberg 1939.

PFEIFER, J.: Geschichte des Bergbaues in Sulzbach. In: 100 Jahre Grube Mellin, Sulzbach 1953, S. 8 – 12.

PFAEHLER, G.: Wetterführung auf der königlichen Steinkohlengrube Sulzbach-Altenwald bei Saarbrücken. In: ZBHSW 20 (1872), S. 50 – 89.

PFAEHLER, G.: Verbauen mit T-Eisen auf der Grube Altenwald. In: ZBHSW 20 (1872), S. 121 – 128.

PFAEHLER, G.: Wasserhaltungsmaschine mit hydraulischem Gestänge auf der fiskalischen Steinkohlengrube Sulzbach-Altenwald bei Saarbrücken. In: ZBHSW 22 (1874), S. 179 – 190, Nachträge: ZBHSW 23 (1875), S. 60 – 72 und ZBHSW 24 (1876), S. 35 – 38.

Geheimer Bergrat a. D. PFAEHLER †. In: Der Bergmannsfreund 1894, Nr. 19, S. 145 f.

PFEILERBAU und Bergeversatz auf Grube Altenwald. In: ZBHSW 35 (1887), 249 – 51.

PRIETZE, A. / LEPPLA, D. / MÜLLER, R. / HOHENSEE, M.: Das Saarbrücker Steinkohlengebirge. (= Der Steinkohlenbergbau des Preußischen Staates in der Umgebung von Saarbrücken, Teil 1) Berlin 1904.

QUIRIN, Paul Georg: Lohnpolitik und Produktionsergiebigkeit im preußisch-fiskalischen Saarkohlenbergbau. Ein Beitrag zur Lehre von Arbeitslohn und Arbeitsleistung unter besonderer Berücksichtigung der Lohnmethoden. Saarbrücken 1924.

ROY, Francis: Le Mineur saarrois. Paris 1954. Deutsch: Saarbrücken 1955.

RECKTENWALD, Joh.: Die Schichtenreihen und Flözgruppen des Saarbrücker Steinkohlengebirges. Kattowitz 1912.

REITZ, Hans-Günter: Sulzbach. Sozialgeographische Struktur einer ehemaligen Bergbaustadt im Saarland (= Veröffentlichung des Instituts für Landeskunde des Saarlandes Band 22). Saarbrücken 1975.

SCHEERER, F.: Das Schlafhaus der Grube Mellin. In: 100 Jahre Grube Mellin, Sulzbach 1953, S. 32 – 33.

SCHMIDT V. BANDEL, Armin: Entwicklung des Saarbergbaues vor und nach der Rückgliederung des Saargebietes zum Deutschen Reich unter besonderer Berücksichtigung der technischen Sonderprobleme. Quakenbrück 1939.

SCHMITT, N.: Seit 100 Jahren Bergmannssiedlungen an der Saar. In: Saarbrücker Bergmannskalender 1942, S. 58 – 67.

SCHWARZ, Julius: Das Saargebiet, sein Bergbau und seine Sozialpolitik – Kämpfe der Bergarbeiter und des Verbandes der Bergarbeiter. Saarbrücken 1926.

SEILFÖRDERUNG mit elektrischem Antrieb (auf den Gruben Sulzbach und Altenwald). In: ZBHSW 43 (1895), S. 198.

DAS SPÜLVERSATZVERFAHREN auf den Gruben des königlichen Steinkohlenbergwerks Sulzbach. In: Saarbrücker Bergmannskalender 1906, S. 50 – 52.

STAUBFÄNGER in der Kohlenseparation der Grube Sulzbach. In: ZBHSW 40 (1892), S. 448.

DIE VERUNGLÜCKUNG von 15 Bergleuten bei der Seilfahrt im Venitz-Schacht der Steinkohlengrube Sulzbach am 21. November 1884. In: Der Bergmannsfreund 1884, Nr. 49, S. 197 – 199.

WALDURA, Robert: Die geologischen Verhältnisse auf der Grube Mellin. In: 100 Jahre Grube Mellin, Sulzbach 1953, S. 25 – 27.

WALDURA, Robert: Saarbergbau im Wandel (II). Von den Anfängen des Bergbaus im östlichen Kohlenrevier an der Saar bis zu den heutigen Schachtanlagen im Bereich der Bergwerksdirektion Ost. In: Saarbrücker Bergmannskalender 1966, S. 50 – 65.

WALTER, Brigitte: Sulzbach. Die Entwicklungsgeschichte einer Gemeinde im saarländischen Industriegebiet. Ms. Saarbrücken 1962.

DIE unterirdische WASSERHALTUNG am Mellinschacht I der Grube Sulzbach. In: Der Bergmannsfreund 1892, Nr. 83, S. 601 f.

WEIGERT, Erich: Kohlenbergbau und Eisenindustrie im Saargebiet. Diss. Berlin 1921.

DIE ZENTRALKONDENSATIONSANLAGE der Grube Altenwald des königlichen Steinkohlenbergwerks Sulzbach. In: Der Bergmannsfreund 1904, Nr. 84, S. 673.

200 Jahre Bergbau an der Saar (1754 – 1954). Bearbeitet und zusammengestellt von Gerd SCHUSTER. Ms. Bielefeld 1955.

Mellin-Schächte der Grube Sulzbach-Altenwald.

Foto Ch. Jacobi, Bad Kreuznach, Verlag H. Siebert, Saarbrücken 1866

Eisenbahnschächte der Grube Sulzbach-Altenwald.

Foto Ch. Jacobi, Bad Kreuznach, Verlag H. Siebert, Saarbrücken 1866

Foto Stadtarchiv Sulzbach

Grube Altenwald ca. 1888.

Mellin-Schächte um 1900.

Foto Saarbergwerke AG, Zentrales Lichtbildarchiv

Sulzbach–Saar. Grube–Mellin

Grube Mellin um 1930.

Foto Stadtarchiv Sulzbach

Venitz-Schacht der Grube Mellin 1910.

Venitz-Schacht der Grube Mellin mit jüngerem Anbau im Vordergrund ca. 1950.   Foto Saarbergwerke AG, Zentrales Lichtbildarchiv

Schacht Altenwald I 1958.

Foto Saarbergwerke AG, Zentrales Lichtbildarchiv

Mundloch des Flottwell-Stollens, aufgenommen 1958 nach seiner Stillegung.

Foto Saarbergwerke AG, Zentrales Lichtbildarchiv

Reproduktion aus Saarbrücker Bergmannskalender 1927

Lochwiesschacht der Grube Mellin.

Foto Stadtarchiv Sulzbach

Altenwald, Altes Schlafhaus, Aufnahme Nov. 1961.

Grube Sulzbach-Saar
Schlafhaus und Vergnügungslokal

Foto Stadtarchiv Sulzbach

Schlafhaus Grube Sulzbach, 1904 erbaut.

142

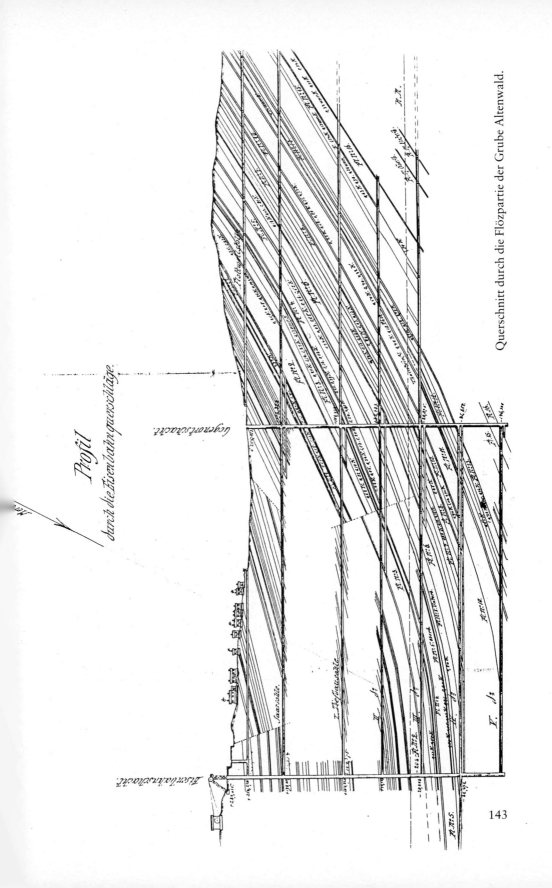

Querschnitt durch die Flözpartie der Grube Altenwald.

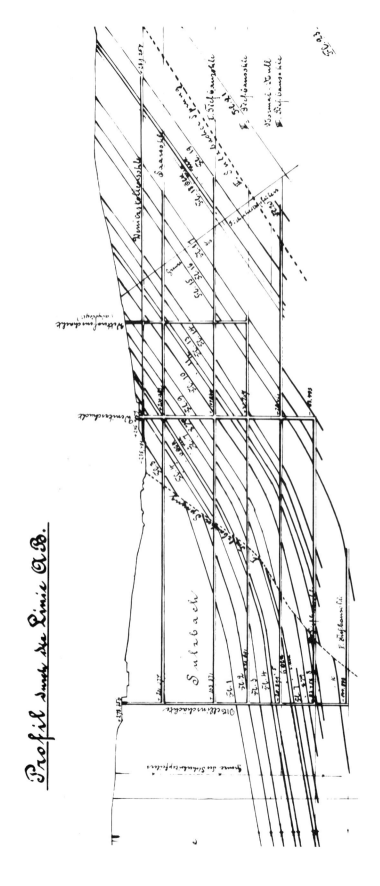

Querschnitt durch die Flözpartie der Grube Sulzbach.

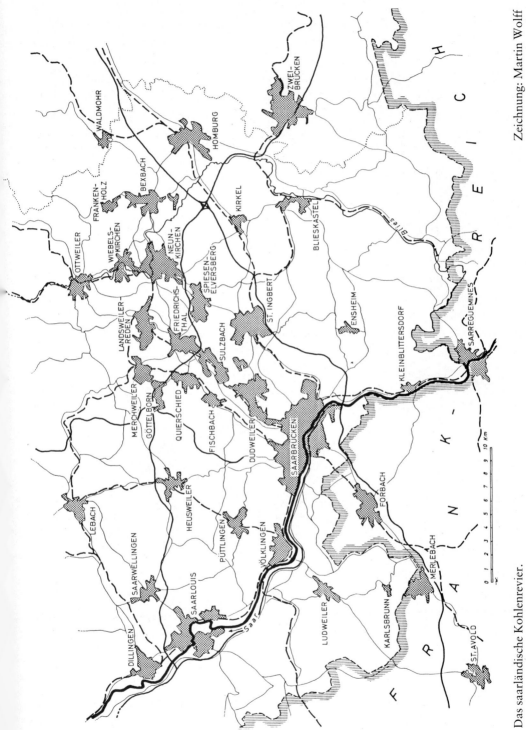

Zeichnung: Martin Wolff

Das saarländische Kohlenrevier.

145

Lage der Gruben im Sulzbach- und Fischbachtal.

Zeichnung: Martin Wolff

onie
Friedrichsthal

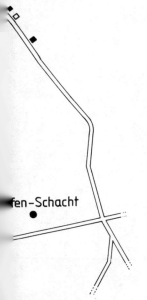

fen-Schacht

ald, Zustand um 1900.